私域营销

【美】约翰·哈雷姆扎（John Haremza） 著　　张荣 译

Right or
Almost Right

年入百万的小步哲学

中华工商联合出版社

图书在版编目（CIP）数据

私域营销：年入百万的小步哲学/（美）约翰·哈雷姆扎（John Haremza）著；张荣译. —北京：中华工商联合出版社，2021.1

书名原文：Right or Almost Right

ISBN 978-7-5158-2873-2

Ⅰ.①私… Ⅱ.①约… ②张… Ⅲ.①营销模式 Ⅳ.①F713.50

中国版本图书馆CIP数据核字（2021）第014845号

北京市版权局著作权合同登记号：图字01-2020-7260号

私域营销： 年入百万的小步哲学

作　　者：（美）约翰·哈雷姆扎（John Haremza）
译　　者：张　荣
出 品 人：李　梁
责任编辑：林　立
封面设计：周　源
责任审读：郭敬梅
责任印制：迈致红
出版发行：中华工商联合出版社有限责任公司
印　　刷：北京毅峰迅捷印刷有限公司
版　　次：2021年3月第1版
印　　次：2021年3月第1次印刷
开　　本：710mm×1000mm　1/16
字　　数：200千字
印　　张：10.5
书　　号：ISBN 978-7-5158-2873-2
定　　价：45.00元

服务热线：010-58301130-0（前台）
销售热线：010-58302977（网店部）
　　　　　010-58302166（门店部）
　　　　　010-58302837（馆配部、新媒体部）
　　　　　010-58302813（团购部）
地址邮编：北京市西城区西环广场A座
　　　　　19-20层，100044
http://www.chgslcbs.cn
投稿热线：010-58302907（总编室）
投稿邮箱：1621239583@qq.com

工商联版图书
版权所有 侵权必究

凡本社图书出现印装质量问题，请与印务部联系。
联系电话：010-58302915

我对你的愿望是，希望你梦想成真。

如果我可以用我的背景过上我梦想的生活，
那么你也可以
用你的背景过上你梦想的生活。

每做一个决定，面临的问题是：

"你做得正确，还是差不多正确。"

前　言

在我们的一生当中，都会遇到看似无法逾越的挑战。这是我们无法逃避的现实。然而，当这些情况出现时，我们必须扪心自问："我该如何面对这些困难？我从中能学到什么？我将如何改变和成长？我会变得更加痛苦，还是会更好？"我的朋友约翰·哈尔姆萨在他的一生中遇到过很多挑战，他总要回答这样的问题。

约翰从小就被贴上"迟钝""愚蠢"的标签，还受人欺负，最后他

被诊断为诵读困难症，并被告知："你将一事无成。"

那么，这位被评价如此低的人是如何赚到1700万美元，能够环游世界，并且拥有价值百万美元的湖边别墅的呢？原因就在于他发现了把事情做对和差不多做对之间的区别。他学会了做一些小的决定——比如不让别人来决定他是谁或者他的命运会是什么——他选择每天做一些重要的改变，这些改变让他获得了现在享有的成功。约翰将其称之为他的"小步哲学"。他的一个信条是，和心怀怨恨而不去尝试相比，冒着失败的风险去做某件事情，危害性要小得多。这种心态让他得出了一个明确的结论：私域营销的回报远远大于失败的风险。

作为私域营销者，肯定有人告诉过你这样的话："你的计划行不通。"你现在有一个选择：是听反对者的话，还是继续你自己的计划？我想你应该像约翰一样学习如何把事情做对，而不是差不多做对。

在你即将要阅读的这本书里，你会发现许多约翰的"小步哲学"的例子。在每一页，你都会看到把他的思维方式应用到你的生活、你的事业、你的人际关系中的价值。事实上，如果你决定实施这本书中的原则，那么在回顾你的人生时，你将会有心满意足的感觉。

对于这本书，我建议你不要只读一遍，最好多读几遍。你会发现约翰是如何从零开始学习网络营销业务的——就像你现在的情况一样。但最重要的是，你会知道什么对他有用，什么对他没用，这样你就可以追随他的成功之路！然后，你就可以向别人做约翰对你做的事。你可以让他们知道把事情做对和做得差不多对的区别在哪里。

您的朋友和私域营销同行，

乔丹·阿德勒（Jordan Adler）

《海滩上的金钱》（*Beach Money*）一书的作者

私域营销百万富翁

引　言

　　感谢你决定购买这本书。我把它设计成一个新经销商和我自己之间的对话，来回答私域营销新手通常会问到的问题。

　　如这样的问题：

　　※我做的哪些事情是对的，哪些是差不多对的？

　　※我应该如何接近潜在客户？

　　※我如何建立自己的事业？

　　差不多和刚刚好指的是什么意思？

　　我是1988年进入这个行业的。在这本书付梓之际，已经有30个年头了，我也已经赚了1700万美元。我周游世界，学到了很多东西，也目睹了一些非凡的成功故事。

　　但是……

　　我也遇到过许多非常聪明和勤奋的人，他们似乎每件事都做得很好，但仍然没有体验到自己所希望的成功。事实上，他们中的许多人依然在苦苦挣扎。

　　这到底是"为什么"？

　　他们建立的私域营销业务是完善的，还是差不多完善的？

　　在这本书中，我举了很多例子，来说明对的和几乎对的行为之间的细微差别。这些细微的差别包括：

√ 挣扎和努力的区别

√ 挣小钱和挣大钱的区别

√ 经历挫折和体验庆典仪式的区别

在这本书里，你会发现我的"小步迈向成功"的个人哲学的例子，它对我个人生活的影响，以及我认为可能会对你产生的影响。

简而言之，你做的每一个决定，不管当时看起来多么微不足道，都会对你的成功产生影响。你今天所处的位置，包括你生活的方方面面，都是你一路走来所做决定的直接结果。

我保证，如果你理解并接受我的"小步哲学"的影响，它将改变你的生活。

我们的世界上有两种人。

首先是较小的群体。
每一件事情好像都是为自己而做。
好像他们有神奇的魔力。

其次是另一个更大的群体，
似乎没有什么事情是为自己而做的。

二者的区别在哪里？

我相信，区别在于我们每天所做的小小的决定上。

相同情况下的两个人，会做出不同的决定，结果也会不同。

这些都是小步子。

没有巨大跳跃，

仅仅是迈出了小步而已。

我从没做过轰轰烈烈的大事，

仅仅是迈出了小步而已。

我从来没有冒过很大的风险，

仅仅是迈出小步而已。

我迈出了小步子，

每一天，每一天，每一天都是如此。

目 录
CONTENTS

第一章　先迈出一小步 /1

第二章　战胜恐惧 /4

第三章　挑战困难 /16

第四章　离开舒适区 /20

第五章　私域营销的优点 /26

第六章　我们都犯过的最大错误 /36

第七章　用对工具 /46

第八章　正确，还是差不多正确 /54

第九章　做好准备 /57

第十章　分　享 /66

第十一章　跟　进 /79

第十二章　做出积极的决定并消除异议 /87

第十三章　开始创建你的业务吧 /99

第十四章　我也想过放弃 /117

第十五章　90天改变你的生活 /120

第十六章　个人发展 /123

第十七章　旅途中的收获 /129

第十八章　成为最好的自己 /135

第十九章　养成良好的消费习惯 /142

第二十章　从这里出发，你要走向哪里？ /146

写在最后的话 /151

关于作者 /152

第一章　先迈出一小步

私域营销对你生活方式的改变超出你的想象

约翰，你是怎么从一个有诵读困难的设备维修经理变成百万富翁的？

√ 你是从哪里开始的？

√ 是什么推动你去做的？

√ 你采取了什么样的步骤？

我的"小步哲学"思想的形成，是在一个宁静的夏日傍晚，当我正坐在船坞上欣赏美丽的日落时。那时，我突然想到了这样的一些问题：这一切是怎么发生的？我是如何走到现在的？一个被人认为迟钝愚蠢又遭到轻视的有诵读困难的设备维修经理，是如何拥有了这不可思议的湖畔家园，是如何去环游世界，在世界各地结交朋友，与成千上万的人交谈，过上了从未想过的生活的呢？

几乎每天我都会开车经过拖车公园。在那里，我曾经住在一辆3.6米×21米的1969款加兰拖车里。而此刻，我正在自己价值百万美金的湖畔豪宅的船坞观赏日落。是什么让我的生活发生了如此翻天覆地的变化？

答案很简单。所有这些都来自迈出的每一小步。我没有取得过任何巨大的飞跃，从来没有做过任何壮观的事情，也没有冒过任何让人难以置信的风险。我只是一小步一小步走过来的。

我每一天迈出一小步，每一天，每一天都是如此。

事实上，我是个小步大师。这是一个很美妙的肯定。为什么呢？因为伟大的成就取决于做出决定的那一刻。迈出小步来登上山顶是很容易的。而成功就是由无数小的看似微不足道的每一个小步组成的。

那么将你成功带上山顶的每一小步是什么呢？在你不断走向成功的过程中，迈出的差不多和刚刚好的每一小步有什么细微的差别呢？

让我们来看一看。

小步哲学

每一步都很重要。

每一步迈出去都很容易。

每一步迈出去都不容易。

每一步或是前进，或是后退。

每一天，每一天，每一天，每一步都重要。

每一步让你离你的"为什么"更近一点，或者更远一点。

当你一天又一天，一小步一小步地走向峰顶，总有一天，你会惊奇地环顾四周，看到你所取得的成就。

　　这是那些漫长而又令人沮丧的日子中的一天。我们工厂的生产线出现了故障，八点了，我还在工作。之前，在七点左右时我还被叫去朋友家看滤水器。工作已经让我筋疲力尽了，真想回家倒在沙发上。

> 但我已经**承诺**要去他那看看，因此我就去了。
> 履行我的承诺的这一小步改变了我的生活，
> 也改变了我接触过的数千人的生活。

这一切是怎样发生的？我是怎样走到这一步的？

第二章　战胜恐惧

有时候，朝着正确方向迈出的一小步，却是你人生走向成功的一大步。

约翰，你如何第一次听说私域营销的？是谁给你介绍了这个概念？

回想我了解私域营销的那一天，就好像是昨天。在一个星期三的晚上，我的好朋友丹·斯威尔邀请我去他家，看看他正在考虑是否要入手的一项新的滤水产品。作为一名维修经理，我认为他想让我检查一下新产品，以确定它是否坚固结实，或者给他一些关于产品的建议，也可能是想为它建一个展示平台——一些类似的东西吧。

因为我们工厂遇到了严重的问题，所以直到晚上9点我才到达丹的家里。我迟到了两个小时，身上仍穿着蓝色工作服，从头到脚都沾满了油脂。因为我们工作的环境满是食品，所以我们都戴着发网，还有护目镜，在我到他家时，这些装备还没有取下来。事实证明，以前我没有受到过邀请就是由于自己维修工作的背景。而丹是想给我介绍商机。

这次赴约就是一个迈出一小步决定的例子。我遵守了我的诺言，即使经过一天12小时的劳累，我也会去那里。虽然我真正想做的是回家躺在沙发上。

"我们等了两个小时，就是为了等这个人？"

到达后，我被介绍给了两位身穿西装的人。他们是从明尼阿波利斯开车来的，目的是给丹、我们的三个朋友和我介绍生意。我称他们为"西装男"，是因为那时我还没有自己的西装。我几乎能听到他们内心的声音："我们等了两个小时，就是为了等这个人？"他们摇着头，不相信所看到的一切。他们在寒冷的冬季跋涉330千米来到这个偏远的城镇而只是要和一个维修经理见面！

这两个人做的第一件事是测试。丹住在一个乡村的湖边，那里的水是棕黄色的，就是生了锈的那种颜色。他们安装了一个滤水器，让水从中流过。流过的水从刚开始很难看的颜色变得晶莹清澈，味道也变得美妙无比。我的第一反应便是："我需要这样一个过滤器，每个人都需要。"

这两个人很不错，他们很会讲故事。我感到很兴奋。事实上，我们都很兴奋。我当即买下了4个滤水器。我写了一张480美元的支票，告诉他们等星期五我拿到薪水后他们就可以去兑现。

你永远不知道房间里的人会是谁！

你永远不知道房间里的人会是谁，或者谁可能会改变你的事业。当时的5个人中（丹事先邀请了11个人，但有7个人没来），我是最不可能被选中的。

我知道，这两位来自明尼阿波利斯的"西装男"会确信这次严冬之际来明尼苏达州偏远乡下的旅程完全是浪费时间。我相信他们仔细考虑过不去等那么晚才到来的维修经理。

我是那里唯一一个掏钱的人，并且做得不错。我做了一个决定，那就是把计划做到极致。从那天晚上开始，我的生活发生了巨大的变化。

午夜回到家后，我让未婚妻看了我刚买的过滤器。不用说，她很失望。我们的婚礼就在一个月之后，我们手头很紧。她的第一个问题就是："你花了多少钱？"

我告诉她："480美元，但是别担心，他们要到本周末才去兑换支票。"我们负债了，我在那里花了我们还没有赚到的钱。

她显然很伤心！我说："亲爱的，我给你看看这个东西究竟是干什么用的。"我把滤水器连接到水龙头上，打开水龙头，但是什么也没有改变。过滤后的水不仅看上去没有变化，尝起来也和之前一样。原因在于，我们在城里的水实际上是相当不错的。它没有氯化，味道也很好，因此滤水器似乎根本没有用。

她的反应是："你需要立刻终止对那张支票的支付。"

我仍旧很兴奋，继续跟她说，做滤水器生意只需要5000美元，我准备投资去做。当时她确信我已经失去了理智。她唯一感到宽慰的便是想着我绝不可能拿出钱来真正去做。

拖车公园

当时，我们住在一个3.6米×21米的1969款加兰拖车里，拖车里是0.6米×0.6米的墙体。墙体用报纸做隔热材料。当天气寒冷时，霜冻会蔓延到0.6米高的内墙上。你可以刮掉墙上的冰霜，然后把它放进饮料里当冰——我说的就是这种冰霜。

我们有一个天然气炉子，但坏掉了，又没钱修理。一周里有那么几次，炉子的导向器发生问题。炉子发生回火，把炉盖从炉子上掀走，撞到了墙上。我得下班回家重新弄好它。

至少可以说，这是种有趣的生活。然后，我在午夜回到这里，宣布我准备在滤水器上投资5000美元——投在某种"骗局"上，就像我未婚妻认为的那样。也难怪她对此持怀疑态度！5000美元比我的旧拖车还值钱。

每个人都以为我输定了

我的未婚妻将这件事告诉了我和的父母、她的父母、她的姐夫，以及她能想到的任何一个人，想让他们说服我，让我相信自己失去了理智。我知道她这样做是出于好意，也是出于对我们幸福生活的真正关心。当时，每个人都可以看到我的坚定态度，而我未来的岳父则认为我无疑会让我们一直住进那可怜的房子里。终于，我的未婚妻使出了撒手锏，她对我说："如果你这样做，你会成为一个孤家寡人的。"

我的回答是："你想怎么做就怎么做，但我还是要做这件事。"

我当时还不能清楚地表达我的意思，但我相信，和从来不去尝试而忍受怨恨相比，冒着失败的风险试着去做一些事，对一段关系的伤害要小得多。如果我看到别人在私域营销方面获得成功，而自己却从来没有尝试过，那么我永远都不会原谅自己。消极的配偶则可能是私域营销的主要障碍。然而，大约6个月之后，是我的妻子鼓励我全职从事国家安全协会的滤水业务。

当她看到我心意已决的时候，她说："好，好吧。那就去做吧，但是让我们先把账单付清。"

我回答说："亲爱的，如果要我们不再欠债，照现在的速度，还需要15～20年的时间。而我做这个是为了赚钱，而不是花钱。"

出于好意，

人们会试图：

引导你偏离行动方向，

推动你偏离行动方向，

劝说你偏离行动方向，

分散你的注意力，使你偏离行动方向，

他们会试图让你相信自己就是在做梦。

所以，在我们结婚之前，我依然继续坚持做了这件事。我让很不情愿的父亲为我的票据做担保，然后买下了40个滤水器。

事情的进展越来越好……

滤水器在我们结婚的那一周到货了。但是开头并不顺利，我心里紧张得要命。我休了一个星期的假，大多数夫妇都会利用这一周去度蜜月，但我们没有足够的钱。于是我利用那一周出去推销滤水器。

我们12月17日完婚。12月20日时，离圣诞节还差几天。那时的我对私域营销一无所知，所以我开始挨家挨户地敲门。我的家乡珀勒姆的水质不错，所以我驱车去了45分钟路程以外的另一个镇子。

那个挨家挨户敲门的年轻人只穿着宽松长裤和衬衫——也可能是牛仔裤和衬衫，因为那个时候我还没有宽松长裤——系着一条只到他腰带一半地方的领带，也没有外套。我想人们只是出于好意、礼貌或怜悯而让我进门。

不仅如此，我还很害怕。我第一次去那个镇子的时候，大约开了两个小时的车，力图下定决心、鼓起勇气去推销。如果看到私人车道上有两辆车，我会以为他们有客人，所以就不会去拜访。如果看到私人车道上有一辆车，我会想，他们可能都不在家，虽然我希望他们都在，所以也不会去拜访。我编造一切不敲门的可能的借口，但最终我还是去敲了。我不得不去敲。我不能把所有的那些滤水器再带回家，家里可没有人支持我。我的确承受着巨大的压力，因为每个人都说我的计划行不通。

> 勇气就是抵抗恐惧，驾驭恐惧。
> 而不是没有恐惧。
>
> ——马克·吐温

有时候，我觉得应该回去感谢那些告诉我做不到的人。是他们的态度给了我实现这一目标的最大决心。我早就自断了后路，这给了我去敲所有门的勇气。

在做了一番推销之后，我用了"宠物狗策略"。如果我让人们试用滤水器，他们就会看到自来水被过滤前后的差别，也许就会购买。第一天，我只说服了3个人试用滤水器。

勇气征服恐惧。

对谁都不要说。答应我好吗?

我弟弟对这件事很好奇,所以第二周我便带他一起去了。我们回到上次试用滤水器的那3个家庭,结果卖出了其中的一台,当场便赚了59美元。我以120美元买进,以179美元卖出,哇!

我弟弟惊讶极了。"你怎么能这么快就赚59美元?" 我们认为这就踏上了致富之路!我弟弟也想加入进来做这件事。

他是我的家人,因此我告诉他:"好吧,但我们必须达成协议,我们对谁都不要说这件事。"我当时想,为什么要给自己找竞争对手呢?

迈克赚了20.5万美元,他从来不敲门!

当时,我的父母真的很郁闷。我把自己的弟弟也拖了进去,他也买了价值5000美元的滤水器。他和我一周出去两三次。通常下班后我们开车去弗格斯福尔斯。他跑街道的一边，我跑另一边。我们挨个敲门，然后把滤水器留在那里。我们大概敲了200户人家的门，大多数时候，人们都很好，也都试用了，但很少有人买。

有了这样的经历之后，是什么让你决定全职从事私域营销？

√ 作为维修经理你做得很好。

√ 你的上司对你和你做出的贡献表示赞赏。

√ 你有一份终身的工作，一份理想的工作。

√ 你为什么要离开这一切？

最后一个问题也是我家人多次问的问题："你为什么要离开一份美好的、安全而又受到尊重的工作？"

最终，是一个人帮我做了这个决定。有人说服我去参加一个会议，这是我参加过的第一次私域营销会议。我永远不会忘记在舞台上来回走动的那个人，他戴着一顶前面凹进去的棒球帽，他穿着有护胸的工装裤，一条裤腿塞进了靴子里，而另一条裤腿则露在外面。在这幅照片上，他的靴子粘上了粪肥。

回头想想，我觉得他当时缺了几颗牙齿。他站在舞台上说，上个月他赚了1万美元。

我所能记得的就是1万美元。

我不知道会议上还提到了什么，但我确实记得那1万美元。当时我

说："我也能做到！"这使我的热情高涨起来。我听有人说，如果你放火烧自己，人们就会跑上好几千米来看个究竟。而这正是当时发生在我身上的事。我已经燃烧起来了。我看到了出路，并渴望走下去。人们不懂我谈论的事情，但是由于我的热情，他们想加入进来。

他们回答说："我不知道你在做什么，但我也想做。"

挨家挨户的私域营销是一个艰难的开始。是什么让你走上了正轨呢？

开始滤水器业务之后，我就再也没有收到过卖给我滤水器的那个人的消息。我相信他只是认为我不过是他的客户中的一位罢了。有一天，出于沮丧，我给他打了个电话。他告诉我，国家安全协会一位叫迈克·纳尔逊的领导正在离我家乡约100千米的法戈举办一次会议。于是，我带着弟弟和另一位朋友一起去了会议现场。我们打算听听这家伙的讲话，获得一些动力，然后接着敲门推销。

迈克告诉我们，我们需要的是如何招募并赞助其他人，而不仅仅只是自己销售滤水器。

我为什么要创造竞争对手呢？

我想，我究竟为什么要给自己创造竞争对手呢？我所能看到的就是卖滤水器。我无法想象私域营销的杠杆作用。迈克·纳尔逊很擅长激励人，所以会后我找他谈了谈。我告诉他我是多么喜欢他的演讲，并告诉他我们听完演讲就要去挨家挨户敲门推销。

迈克说："你知道，我去年赚了20.5万美元，如果你告诉我必须去挨家敲门搞推销，我是不会去的。"然后他问我的卖家是谁。我告诉他之后，他对我说："你是我的属下。下一场演讲之后你来我房间。"

到了迈克的房间之后，他向我们解释了业务招聘方面的事情。从那一刻起，我做生意的方式发生了巨大的转变。我开始招募新人。现在我可以看到，比起花钱，赚钱会使人们更加兴奋。

当我说到卖给他们一台滤水器时，他们不得不花钱；而当我和他们谈到靠滤水器这一主要业务及其发展就能赚到钱，他们便看到了机会。他们并没有只买一台供自己使用的滤水器，而总是买40台开始创业。这一转变带来了巨大的变化，而我也开始赚到钱了。

就连我的家人也看到了不同。

现在，尽管我的家人仍感不安，但他们开始看到了我态度上的变化。我精力充沛，很少睡觉。我一家挨一家地按门铃，我还得做自己的维修工作。在我工作的时候，只要一想到我的业务，大脑就会转个不停。

一个星期当中总会有一天，我在凌晨3点或4点出发，载着一车的希望，前往3小时车程外的明尼阿波利斯参加商务简报会。我们会去学习，给自己充电，直到凌晨1点回家，第二天一早又去工作。

人们从我的活力中受到了感染。我开始意识到我正在做的事情是有前途的。我可以清楚地看到自己的转变。就连我妻子也开始看到了，她鼓励我全职做这份工作。

开始干全职。

当我决定全职经营我的生意时，朋友、家人及同事们的反应激烈。真正的取笑和嘲讽开始了。时至今日，我仍然记得和一些同事坐在休息室里的情景。他们告诉我，我永远也不会成功的，这种私域营销对我来说是行不通的。

我回答说："也许你是对的，但最糟糕的情况就是我将来不得不回来再找一份你们这样的工作。"当时就是有根针掉到地上，你也能听得到！

"最糟糕的情况就是我将来不得不回来再找一份你们这样的工作。"

这个世界上总有那么一些消极的人，

他们无处不在。

看不见的山脉。

儿时进入小学，当我面对阅读的挑战时，我就被击倒了。我有严重的阅读障碍症，无法正常阅读。无论我多么努力——相信我，我的确努力了——还是无法阅读。在我阅读时，所有的文字都挤作一团。

学校老师认为，我之所以这样是因为迟钝、愚蠢或是懒惰。请记住，这是阅读障碍被认为是一种残疾之前很久的事了。

与你的内心相比，

你周遭的一切都没那么重要。

——奥利弗·温德尔·霍姆斯

第三章　挑战困难

　　我经常回顾过去，把诵读困难看作是一座高山，一座隐形的高山。我看不见它。我的父母、朋友及老师都不知道我所面临的挑战。他们认为我只是一个傻乎乎的孩子。

为什么约翰不能阅读？

　　这对我和周围的每个人来说都是非常令人沮丧的事。我父母带我去看眼科医生，看看我是否需要一副眼镜。我的视力不如认为的那么好，所以确实配了一副眼镜，但我还是不能阅读。学校尝试了不同的阅读方法，甚至让我用一把带开口的尺子，这样我一次只能看到一个单词。

　　不仅仅是我自己遭受到这种挫折，老师们想知道我为什么不能阅读，父母想知道我为什么不能阅读，我自己也想知道我为什么不能阅读。

我只想隐身。

　　正如你所能想象的，这种自卑的感觉令人无法忍受。在某些方面，我认为我的老师们是负责任的。然而，在那个时候，他们不知道如何做才会更好。他们认为我很迟钝或愚蠢，或者只是不够努力。当他们叫我在课堂上大声朗读时，我将句子读的结结巴巴。我感到的那种难堪是令人难以置信的。不仅是不能读，我的同学还都嘲笑我。

　　在课堂上朗读时，我们总是每个人轮流大声朗读一段。我总是提前数好，看看我会被叫到读哪一段，然后反复进行练习，这样我就能够设法读完。但老师总是不按顺序叫人，这就搞得我一团糟。想象一下你曾经感觉到的最沮丧的情绪，那就是我每天在学校里感受到的。试想一下，在每次考试中都被叫出课堂，然后把试题读给你的情景。

我的父母知道我的手很灵巧，但他们还是很沮丧。记得有一天，我正坐在车库里，无意中听到爸爸告诉他的一个最好的朋友，说我是多么愚蠢，不知道我将来的生活会是什么样子。我爬进我的黑拉布拉多犬女士的狗窝，痛哭了一场（至少她了解我。如果每个人都有和狗一样的同情心和爱心，我们就会生活在一个更美好的世界里）。

类似的事情时有发生。最令人悲哀的是，我开始相信自己就是一个迟钝、愚蠢的孩子。当你听到这些的时候，你也会开始相信这是事实。

最终，当老师们确知我永远无法阅读时，就要求我应该学会生存所需要的东西。我被安排在一个特殊的班里学一些基础的生活知识，如核对支票簿、阅读菜单，以及学习识别街道标志等。

整个上学期间，甚至在最初的工作中，我都想让自己隐身起来。我的自尊心不足，以致如果我在走廊里遇到谁，如果他们不先开口，我是不会抬头打招呼的。如果有人在笑，我会想他们在嘲笑我。如果有人在谈话，我会认为他们在议论我。我想过那种不被人注意的、隐身的生活。

我相信你可以理解为什么我的家人反对我做私域营销了吧。我一生都在躲避人，然而，突然间，我想进入有人的事业……有人际关系的事业。

我的经验告诉我，如果我能用自己致命的局限和背景成功地完成这件事，那么任何人都可以做到。

对我来说，阅读困难是一个挑战吗？

被认为又迟钝、又笨又蠢，是不是很不好受？

没人理解时，是不是很不好受？

不得不被请出课堂，以便给我读出试题，是不是很不好受？

在课堂上不得不站起来大声朗读，是不是很不好受？

当然，我经常会面对上述的所有情况。

……但是……

这一切都让我更坚强，更有同情心，更有直觉力。

"我从来没有见过坚强的人

会有轻松舒适的过去。

我们的困难会毁掉我们

……或者……

会使我们更强壮。

我们需要做出选择。"

——约翰·哈尔姆萨

回首往事，我想起了莱斯·布朗的一句话：

"有些人想踮起脚尖度过一生，

平安地走向死亡。"

第四章 离开舒适区

有时候我们都得重新开始。

约翰，你在国家安全协会干得不错。为什么要离开呢？

我为国家安全协会卖滤水器的4年，是一次很好的学习经历。我赚的钱比我以前赚的钱加起来还多。但是问题出现了，首先是主要参与人杰夫·奥尔森的离开。

我第一次摘下眼罩，关注周围的世界。我意识到，自从我开始这项业务以来，我还没有听说过有新加入的人在赚钱。我的上司们仍在讲我刚开始时听到过的故事。而杰夫·奥尔森的例子就证明了时机的重要性。

最终，国家安全协会推出了一系列可消费产品。如今，他们已经成了一家强大的、正在不断发展的公司。

学到的经验。

在私域营销的头四年里，我学到了两个非常重要的经验。

消费品的重要性：

剩余收益是私域营销的巨大收益。这意味着你可以讲述你的故事，然后一次又一次地获得报酬，但这只有在你的产品每天都被使用的情况下才有效。

把握时机的重要性：

把握好时机是非常重要的。我加入国家安全协会时，它的势头正接近尾声。和我交谈过的每个人都似乎听说过国家安全协会及其滤水器。

> "时机你是买不到的。"
>
> ——约翰·哈尔姆萨

为什么有些人会失败？

回顾自己的经历，我认为许多人在私域营销中没有获得成功有三个原因。

你需要认真工作

第一个原因是很多人不努力。这一业务被称作人际网络工作，但它和其他生意一样，需要你必须专注于它，集中精力去做。

如果你在一家麦当劳餐厅投资了100万美元，你会让它打水漂吗？还是会每天早上第一件事就是去上班，然后每晚最后一个离开，直到生意兴隆呢？

为时已晚

人际网络公司会达到一个可感知的饱和点。安利就是一个很好的例子。当你向别人推销产品时，他们都说："哦，这我知道，但不适合我。"这种情况下就很难经营一家成功的企业。

过早夭折

不幸的是，大多数创业型私域营销公司都失败了，95%的公司在第一年就失败了，只有2%的公司能坚持到第五年。

许多分销商把希望建立在"肯定不会失败"这样的基础上，这是非常可悲的。而这些公司确实失败了，随之也带走了人们的希望和梦想。

为自己选择合适的公司。

认识到私域营销的好处和我们能从中得到什么，是需要时间的。也许直到你进入第二或第三家公司，你才会明白商业模式的力量。

大多数人第一次的私域营销经是源于朋友的热情鼓励而加入一家公司。他们并不清楚自己眼前的机会。

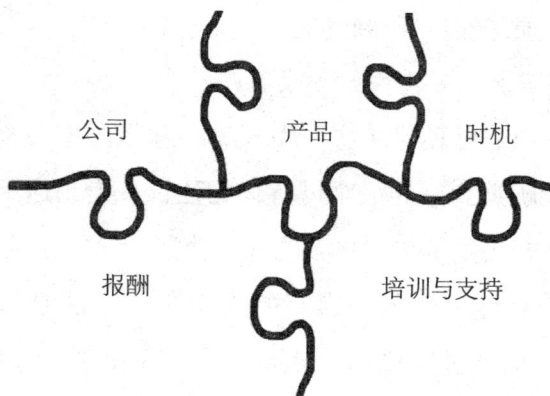

公司　　　产品　　　时机

报酬　　　　　培训与支持

有5个关键因素可以促成一个成功的机会。

1．公司

公司失败最常见的两个原因是管理不善和资本不足。公司必须有坚实的基础设施才能取得成功。

2．产品或服务

产品必须是可消费的、负担得起的、独特的，并且有与之相关的故事可讲。

3．报酬

每个公司都声称他们有最好的、最赚钱的薪酬计划。事实是，他们都支付同样多的钱，收益都在40%～50%之间。而真正的问题是："谁会得到这笔钱？""你必须怎么做才能得到它？" 通常会有许多障碍使人们赚不到钱，例如"各种陷阱"。

4．时机

每个公司都会告诉你，现在是你加入的最好时机……时机是可以预测的，它是一个数量上的因素。每个公司在由小变大的过程中都会有一个最佳时机。那才是你想要抓住的地方。

5．培训和支持

必须有一个经过验证并准备就绪的培训系统，以及支持该系统的措施。这些措施必须是能负担得起的。

我的第一任导师——杰夫·罗贝蒂

我最好的一位导师便是杰夫·罗贝蒂。他是国家安全协会的顶级经销商。他给了我所听到过的最难以置信的建议。无论遇到什么问题，他总是解释说解决办法就是"和更多的人交谈"。

杰夫是当今私域营销收入最高的人士之一。在他的私域营销生涯中，他赚的钱已经超过了8500万美元，所以我认为他的哲学理念是有效的。

"与更多的人交谈。"

"好吧，但是如果这样行不通怎么办？"

"与更多的人交谈。"

——杰夫·罗贝蒂

你是如何学习做私域营销的？

你是如何成为一名出色的私域营销员的？

你是如何成为一名领导者的？

秘诀就在于行动之中。

只有通过行动，采取措施，与每个人交谈，打电话，发帖子，邀请大家参加自己公司的电话会议，与潜在客户和线上人员进行三方电话沟通，当然，是的……会有失败。这就是教你如何学做这绝妙的生意。

迈出这一步，你就拥有了力量。

大把的钱花在：名流身上

大把的钱花在：真人身上

"人人都在做私域营销，
只是他们还没有从中获益。"

——大艾尔

25

第五章　私域营销的优点

　　每次当你告诉朋友一部很棒的电影或一家非常不错的餐厅时，你都是在从事私域营销。世界上再没有比朋友之间的口口相传更有说服力的了。

私域营销的真相。

　　你相信谁？

　　在选购商品的时候，你是相信大手笔的广告，还是相信可能从未使用过该产品的收入颇丰的名人？或者说你会不会相信告诉你自己亲身体验过某种产品的朋友？

　　你当然会相信自己的朋友。

　　私域营销是什么？

　　私域营销只不过是另一种形式的分销。

　　在传统的零售分销中，至少有50%的产品成本被用于广告宣传。花这笔钱是用来让你购买产品的。但是它给产品带来了什么价值呢？

　　但在私域营销中，不需要花钱做广告。那些钱是付给真正使用这些产品并且有成效的人的。

想象一下下面的情况。

　　你正伸手去拿一盒麦片。

　　哇，3.98美元。然后你记起在私域营销中这样的麦片只卖1.99美元，这就促使你购买后者。

√ 1.99美元附加了什么价值吗？

√ 它带来了什么营养价值吗？

当然没有，但你猜猜谁来买单？

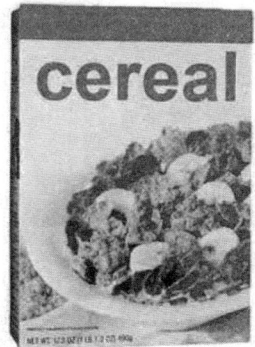

私域营销的好处。

产品质量

我确信你从私域营销中得到的产品比你从零售店中得到的产品质量更高。为什么？因为零售店的所有产品都在价格上竞争。最低价获胜。那低价牺牲掉的是什么？是质量！

私域营销产品受结果的驱动。

你买这些产品是因为一个熟人告诉了你它们的功效。没有高质量的产品，私域营销就不会兴盛。

从我大约30年前第一次接触私域营销，到今天参加的每一个聚会和活动，我总是对人们看到的产品效果感到惊讶不已。

客户服务。

大多数零售店几乎没有客户服务。最好的例子便是典型的零售商店，如塔吉特百货、家得宝或沃尔玛。在这些地方，通常没有人可以去交谈，也没有人来回答你有关产品的问题。

糟糕的客户服务是当今零售市场最令人沮丧的问题之一。我们打个电话只是为了问一个简单的问题。经过一贯的录音提示菜单后，当我们最终联系到一个活生生的人时，对我们的问题他们也给不出答案，所以他们会让我们稍等，然后试图找其他人咨询。如果幸运的话，我们会得到问题的答案。不过，对此不要抱什么希望。

私域营销就是有关客户服务的。你的赞助商、组织的领导者，以及你公司的客户服务，只需要一封电子邮件或一个电话就可以得到你问题的答案。

一生难得的机会。

私域营销最令人兴奋的地方便是它给了普通人建立财务自由的机会。私域营销是一个公平的竞争环境，只有3个要求：

√ 你必须认识到机会。

√ 你必须采取行动。

√ 你必须有持之以恒的欲望。

每个人都有相同的成功机会。

√ 每个人一开始都是平等的，不管他们的教育、年龄、种族、经济状况或背景如何。

√ 你开始的时候可以将其作为兼职工作。

√ 你可以保住你的全职工作。

√ 当你准备好的时候，可以将其作为全职工作。

√ 这是可能收入数千美元的兼职工作。

私域营销是为数不多的允许普通人追求第二份收入，以及他们的财务安全和个人独立梦想的机会之一。

税收优势。

仅私域营销的税收优势就可以弥补你的启动成本。你可以冲销掉一定比例的住宿费用、车费、差旅费和样品成本。

我曾接受过一次审计，之前我已上缴了我两辆车100％的税收。

税务员说："不要光做生意，也得有精神上的补给。"

我说："是的，不过我会祈祷得到新的分销商。"

他并不相信我的话。

——约翰·哈尔姆萨

更好的接触。

通过私域营销，你可以接触传统零售途径永远无法接触的人。通常，你会通过人们在舒适的家里或车里播放的音频来接触他们。

杠杆作用。

私域营销为普通人提供了一个机会，让他们可以利用与所有企业相同的杠杆作用。企业以员工的时间和才能为杠杆创造利润。私域营销人员以分销商的时间和才能为杠杆，帮助他们建立业务并获得收入。

剩余收益。

私域营销就像写一本书，录一首歌，或者钻一口油井。你只做了一次工作，但你的努力却会让你一次又一次得到收益。我记得听一位私域营销主管讲过，有天晚上他开车穿过市区去送货，他们的潜在客户订购了一个自动发货的产品。如今，20年过去了，他们仍然在使用这种产品，并收取佣金。

如何让一天有40个小时。

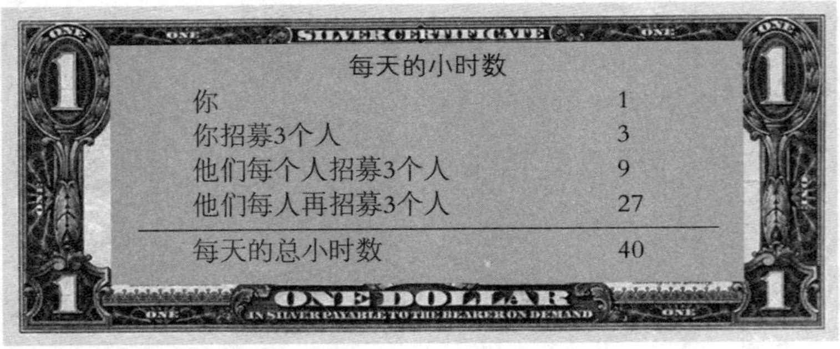

每天的小时数	
你	1
你招募3个人	3
他们每个人招募3个人	9
他们每人再招募3个人	27
每天的总小时数	40

现在你让40个人每天工作1小时，

那是一天40个小时，

不是一周40个小时

这是40个人每天工作一小时的简单例子。

你找3个人，他们每人再找3个人，以此类推。

只是这个例子只有3个层级。

实际上，大多数公司有8~10个层级。

你可以让全世界成千上万的人每天工作一个小时。

谁正在从我们身上赚钱？

我经常听到人们说："私域营销的问题在于有人从我这里赚钱。"但是，每次你花钱的时候，总有人从你身上赚钱。

一个冷酷的事实是，97%的人把他们的钱给了3%的企业主。每次当你付账单、买汽油、买食品杂货，或出去吃饭的时候，总有人从你身上赚钱。这就是商业的本质。如果一个企业不能创收，它很快就会成为历史。

私域营销让你有机会参与这个循环。现在你可以接受了吧！

> 在工厂工作的一个朋友说："我不喜欢私域营销，因为有人会从我身上赚钱。" 我回答道："我认为他们不会在我们身上亏本。如果有人付给你每小时10美元，他们肯定会从你的服务中每小时赚15美元~20美元。人家雇佣我们不是为了赔钱的。"

口口相传。

美国历史上最著名的一次骑行与私域营销有什么关系？几乎每个人都知道保罗·列维尔骑马而来，以及他带来的信息："英军即将来袭！"

马尔科姆·格拉德威尔认为，保罗·列维尔骑马而来是历史上最著名的口口相传的例子。**一条非凡的消息在很短的时间内传播了很远的距**

离，整个地区便武装了起来。

私域营销是口口相传式的推销。即使在这个大众传播和动辄百万美元广告活动的时代，朋友之间的口口相传仍然是最强大的传播方式。

回想一下你上次去过的昂贵餐馆、买过的昂贵的衣服，以及看过的电影。这里有多少是你在很大程度上受到了朋友推荐的影响而决定去花钱的？

专家们怎么说？

很多广告公司的高管声称，口口相传已经成为大多数人唯一能接受的说服方式。

私域营销不会把钱花在大牌演员、运动员和高预算广告宣传活动上。它不会在那些可能从来不会使用其产品的名人身上花费数百万美元。

相反，这些资金都给了那些真正使用产品并有效果的人。你与朋友们分享自己使用产品的体验，其实就在使用世界上最有效的营销手段：

口碑、朋友间的交流、面对面的交流。

你在多大程度上相信以下形式的广告

全球平均值	完全相信/有点相信	不太相信/根本不信
自己认识的人的推荐	92%	8%
网上客户评价	70%	30%
报刊评论文章	58%	42%
品牌网站	58%	42%
注册的邮件	50%	50%
电视广告	47%	53%
品牌赞助者	47%	53%
杂志广告	47%	53%
海报及其他户外广告	47%	53%
报刊广告	46%	54%
电台广告	42%	58%
电影开始之前的广告	41%	59%
电视节目植入式广告	40%	60%
服务于搜索引擎的广告	40%	60%
在线视频广告	36%	64%
社交网络广告	36%	64%
网络弹出式广告	33%	67%
移动设备上显示的广告	33%	67%
手机短信广告	29%	71%

想象一下花200美元买一双鞋的情况。生产这些鞋的真正成本是多少？

我们知道，这些鞋的实际成本可能是10美元。这就意味着多达100多美元的赞助都花在了大牌体育明星身上。但那100多美元就能把鞋子做得更好？把它们做得更持久耐用？

最重要的是，私域营销不仅是一种更好的、提供更高质量的产品和令人难以置信的客户服务的分销形式，而且是一个普通人实现梦想的机会。

你可以从平凡走向卓越。只要给别人机会，你就能过上超乎想象的生活。这很简单，但并不容易。这需要时间、毅力和勇于接受拒绝的态度。并不是每一个你接触到的人都准备好要去改变其生活。

这被称作私域营销工作。

关键词是"工作"。

我有一个梦想。

领导的关键技能之一是让别人相信自己，相信有更好的方法，相信他们能赢。

> 没有哪些事业，
>
> 哪份职业，
>
> 哪项活动，
>
> 比鼓励人们的发展更高尚的了。

来自私域营销的领导者丽莎·拉爱思在主持的一次梦想董事会议上说：

> 把事情做得刚刚好或差不多好，
>
> 需要付出同样的时间和努力。

你不会某天早晨突然醒来就成了伟大的私域营销领导者。

你不会突然意识到自己已经改变了数百人的生活。

伟大是一步一个脚印努力赢得的。

伟大存在于每一小步，存在于决定行动的那一刻。

每天结束的时候回顾一下，问问自己："今天我向成功迈出了怎样的一小步？"

第六章　我们都犯过的最大错误

哎哟！

约翰，你说要做正确的事。经销商犯的最大的一些错误是什么呢？

差不多正确：把时间花在和错误的人在一起。

正确：把时间花在和正确的人在一起。

毫无疑问，经销商所犯的最大错误（不仅在他们成为新的经销商时，甚至在他们进入这个行业很长一段时间之后）是，他们把时间花在了错误的人身上。我发现自己就掉进了这个陷阱。所以你不能像我一样做无用的努力。

如何辨别新的经销商是合适的人选？

√ 他们给你打电话。

√ 他们在开电话会议。

√ 他们有客人参加电话会议。

√ 他们有客人参加活动。

√ 他们参加所有的活动。

√ 他们是有前途的。

√ 他们是可训练的。

√ 他们遵循公司的制度。

最重要的一点是，他们正在做的活动将会有助于建立起自己的团体。你不必强迫他们。这就像钓鱼一样。如果你不得不问："这是一条大鱼吗？"那么它肯定不是。而当钓竿紧紧地扣住，鱼正在挣出鱼线时，你便知道自己钓到了一条大鱼。

对经销商来说，对自己的员工获得成功的期望远远超过员工对自己想要获得成功的期望。即便如此，我也不是建议你要忘记所有人，因为每个人都是很重要的。正因为每个人都很重要，所以你永远不知道他们会把你引见给谁。然而，你必须把精力放在正确的地方。

尽管我们的团体当中有95%的人可能都是慢热型的人，但每个人都有价值，每个人都是重要的。

把时间花在和错误的人在一起最可悲的结果是，它分散了你寻找新客户或寻找正确的人注意力。私域营销是一个不断筛选的行业。你筛选得越多，就越有可能找到自己的领导者。

什么造就了领导者?

领导者按照自己所列的计划行事，他们表现出的是主动性，是在积极地做事。

找到领导者的唯一方法是看他们所做的，而不是口上说的。

可悲的事实是，说的总是比做的多。

不要被人们说的话所吸引，而要看他们做了哪些事情。

约翰，我只是太忙了。

> 差不多正确：总是忙于错误的活动。
>
> 正确：专注于"付费时间"活动。

不要把活动和成就混为一谈。人们经常把活动或忙碌与成就混为一谈。你在那里，你一直很忙，非常忙，但你真的做了什么吗？

不要把付费时间活动和非付费时间活动混为一谈。新分销商经常通过与非业务人员交谈或并非使用产品的人交谈而获得报酬。他可能是你想首先招募的人，也可能是你的推广人，但作为一个新的分销商，你只能通过与不从事该行业或不使用该产品的人交谈而获得报酬。在月薪达到5000美元之前，你应该把100%的时间花在招募新人上。

> 做事的技巧来自做事的过程。

付费时间与非付费时间。

付费时间指的是与非业务人员交谈的时间；非付费时间指的是你喜欢的所有其他活动，比如整理文件、阅读文献、第12次观看产品视频的时间。虽然这些都是好东西，但它不会给你的下一张佣金支票增加一分钱。

准备你的名单。

约翰，我正在准备我的名单，但我知道只有几个人对它感兴趣。

> 差不多正确：精心挑选那些你认为能做成生意的人。
>
> 正确：绝对不要，绝对不要，绝对不要预先做出判断。

列出两份名单。第一份名单上是你认为会对你的产品感兴趣的人。第二份名单上是那些你认为不会感兴趣的人。第二份或许是你的名单中更长、更有成效的名单。你没办法确切地知道谁会感兴趣，谁不会。你需要给每个人说不的机会。

你可能会告诉自己："这个人赚了太多的钱。"或者："这个人没有赚到足够多的钱。"或者："这个人卖不出产品。"记住，如果不去问，你不知道谁会对你的产品感兴趣，你永远不知道谁将会是你的Super Star。

永远记住，你认识的最愚蠢、最懒惰的人也都认识你。关键是你永远不知道谁会成为Super Star，或者他们可能会给你的营销带来什么变化。

> 富人和穷人的区别在于他们如何利用时间。
>
> ——罗伯特·清崎

你会……

> 你会不会去找一个害羞内向的维修经理，
>
> 而且他还有严重的学习障碍，住在拖车公园里，负债累累？
>
> 你会对我有兴趣吗？

无论你在哪里，在1~10之间，把自己想象成5。无论你有多成功，都要把自己排到5级。那么现在出发和其他排名在5或更高级别的人谈谈。

所有的私域营销人员都会倾向于招募那些真正需要这项业务的人，那些没有他们那么成功的人。当你接近他们的时候，你不会感到不自在。

但当你以下面的方式开始的时候，会发生什么呢？

√跟第四级的人谈话，

√第四级的人跟第三级的人谈话，

√第三级的人跟第二级的人谈话，

√最终你们会成为一群泡在电视机前无所事事的人。

要不停地招募。最成功的分销商是那些承认这一原则的人。

> 你的工作不是去评判任何人或为别人做决定。
>
> 你的工作是从每个人哪里获取信息，
>
> 让他们自己做决定。

信息太多啦
……

对更多的人说更少的话。

把这句话写在一张3厘米×5厘米的卡片上："对更多的人说更少的话。"把它记在你的日程表里，把它放在你汽车的仪表板上，把它写在你的镜子上。让它一直在你的面前。"对更多的人说更少的话。"在你说完之前就闭嘴。我们所有人说的太多了。大声读这句话，并把它烙进你的脑海里。

对更多的人说更少的话。

对更多的人说更少的话。

对更多的人说更少的话。

对更多的人说更少的话。

对更多的人说更少的话。

私域营销人员，尤其是那些有销售经验的人，面临的最大挑战之一，就是话太多。良好的沟通中，70%的时间是倾听。大多数的人用70%或更多、更多的时间说话，所以，对更多的人说更少的话。

为什么这样做很重要?

当你不停地说话时,你的潜在客户便无法询问他们需要问的问题,而他们的问题会让你知道他们的想法,以及你如何做才能使他们放心。如果你不停地说,迟早会使他们生厌。他们唯一想做的就是远远地躲开你。

问题是充满魔力的!我就喜欢问问题,例如,"那听起来有趣吗?你对它感兴趣吗?你想了解更多吗?"

如果你说的太多:

√你就会使他们不知所措。

√如果你不问问题,你就不会知道他们需要知道什么。

√如果你以专家的身份出现,他们只会认为自己永远做不到,而你便已经失去了他们。

√你会失去他们的注意力,因为我们的注意力都很短。

你的工作是回答问题,而回答问题最好的方法便是将他们引向你设计的机制上。通过这个机制就能完美地回答每一个问题。

通过像脸书这样的社交媒体,我得到了很多乐趣,但没有人加入,什么原因?

差不多正确:通过社交媒体介绍你的业务,并继续通过社交媒体引导人们做出决定。

正确:一旦人们感兴趣,就给他们打电话。

社交媒体是一个宣传你正做的事情的很好的途径。一般的人在脸书上都有300个左右的朋友。每次有人评论,脸书都会提醒他们所有的朋友。这使社交媒体成为一个宣传你故事的很好的方式。

关键是不要在社交媒体上销售，不要提供太多的信息或附上链接。这样做的目的很简单，就是引起别人的好奇心，让他们说："听起上去很激动人心，告诉我更多的信息吧。"

当有人回应你的社交媒体时，你的首要目标必须是建立融洽的关系。永远不要把你的所有产品、公司或自己的情况都告诉他们。了解他们的兴趣爱好，提出这样的问题：

√你对什么感兴趣？

√你正在寻求什么？

最后的策略是，不要进行冗长的来回沟通。我最好的回应是："我们什么时候可以谈谈？"

但是……

对于一个有心告诉朋友自己刚刚学到的东西的人，社交媒体是永远永远也替代不了的。私域营销是朋友对朋友间的营销。当有人要下订单时，一定要用私人电话交谈。

对于如何建立自己的业务，我有很多不错的想法，那么如何与大家分享这些卓越的想法呢？

> 差不多正确：尝试新的经营方法。
>
> 正确：采用已经验证过了的方法。

遵循以下方法，没有捷径可走。

"让我们想象你正在烤蛋糕。

你有一个有步骤和配料的食谱，

你知道它是有效的。

如果你按食谱做，你就会烤出一个很棒的蛋糕。

但是……

如果你决定省掉一些材料，或跳过一个步骤，或添加

一种原料，你最终会烤出一个东西，

但那不是想要的蛋糕。"

不要另起炉灶。

大多数公司都有一套行之有效的方法。如果这些方法对其他成千上万的经销商都有效，你是否认为对你也同样适用呢？

不久前，一个有销售背景的人来到我的公司，告诉我："约翰，你做得很好，但是现在我来了。我会教你怎么去做。"

我回答说："你知道吗，乔，我这样做已经赚了几百万。我们为什么不先这样试试呢？"不要另起炉灶。

今天在私域营销中起作用的东西在50年前就起作用了，在今后的50年它将继续起作用。当有人告诉你他们有一种新方法时，一定要持有怀疑的态度。如果有人告诉你他们生产古董，你会相信吗？

可能会有像社交媒体这样的新技术出现，但基本原理永远不会改变。私域营销是一个人与人、面对面的分享过程。

你知道"万事通"吗?

你属于哪一种?

第七章　用对工具

公司增长额的趋势。

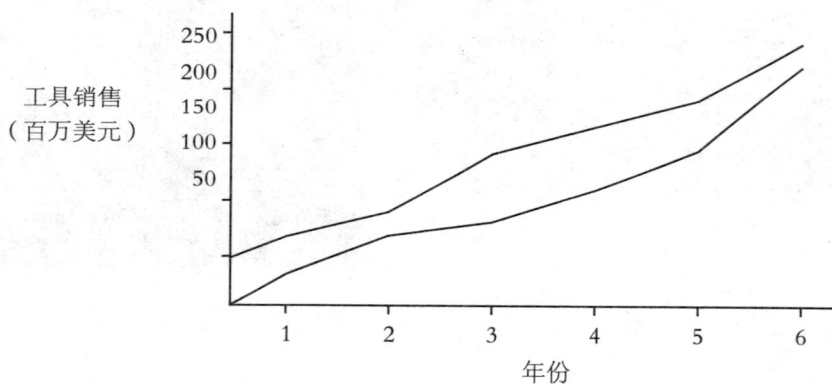

工具销售
（百万美元）

250
200
150
100
50

1　2　3　4　5　6

年份

哪里有工具，哪里就有销售的增长。

——内特·考克斯，声音概念市场营销副总裁

想象一下：你家里的水管出了不小的问题，水槽下面的水管爆裂了。在疯狂地搜寻了很久之后，你终于找到了主水阀。当然，它在地下室的几个箱子后面，但你还是找到了它，并把它关掉。可你却没水用了，你的厨房也被淹了。

最后，在找到几个电话号码并联系了几个水管工之后，你终于找到了一个今天愿意来修理的人。

现在你战战兢兢地等待着水管工的到来。

终于，门铃响了，水管工站在那里。他说："让我看看是哪儿出了问题。"然后又说："就你这个问题，我希望能帮上忙，但我什么工具都没有。你最好还是叫个带**工具**的水管工来吧。"

在接下来的几个章节中，我将讨论取得成功的循环路线，即工具的最高价值所在。

每种职业都有自己的一套工具。如果没有他们的专业工具，这个行业的从业者将会无所适从。

作为私域营销人员，工具使我们的工作更加简单。我们成了信使去传达信息。工具意味着我们不会成为信息本身。

如果这些工具就像让某人花几分钟浏览一个网站那么简单，情况将会如何呢？

你就是广告。

把自己当成广告，而不是电影。你的工作是激发和引起他人兴趣，勾起他们的好奇心，而不是去满足他们。你的工作是激起你潜在客户足够的好奇心，而使他们去查看这个工具。

这个工具可能是一个网站、一个电话会议、一个sizzle电话、一个活动、一本杂志、一本小册子、一个音频或视频，甚至是像Zoom的屏幕演示。

我们都会犯的一个错误是，做生意全总是亲力亲为，当我们不在场时，生意就停止了。这种方式只能建立一个非常小的企业。你不可能每时每刻都在场，但工具可以做到。

如果你简单高效地使用工具去做生意，你的潜在客户便会说："我

可以这么做，这不会花很多时间，我可以让我的朋友们看看。"记住，
你做的每件事都是在树立榜样。

3个问题。

我们遇到的每一个潜在客户都会有3个问题：

1. 我会做吗？
2. 我有时间做吗？
3. 我愿意做吗？

如果我们能证明做生意就像看一段短视频那么简单呢？

√没有复杂的脚本

√没有深入的产品知识

√没有业务培训

经常询问你的潜在客户什么时候可以去查看这个工具（比如网站、
视频或任何你正在使用的工具）。让你的潜在客户查看工具的关键是你
对它的定位。不要说得太多，而是要在他们想查看这些工具的地方激发
他们的兴趣。

警告。

不要说得太多。你的目标是创造一种紧迫感，一种对损失的恐惧和
对业务、产品或工具的兴奋感，这样他们就会去查看工具。

我们越简单地展示自己的业务，我们的潜在客户就越有可能说：

我会做。

这不费时间。

我会让朋友们来查看所选的工具。

你可以通过使用的工具来衡量事业的成功程度。那些重视和销售大量工具的公司都是成功的公司，这一点都不奇怪。

工具：

√可以在你不在场的情况下工作

√深度开展工作

√远程工作

√每次工作……都讲述着一个完美的故事，总是如此

你不必非得在场。

我们不可能无处不在，当潜在客户有私人时间，比如开车或办事的时候，我们当然也不可能与他们待在一起，但这是他们最有可能能够并愿意听一段音频的时间。

甚至更重要的是：

随着团队的成长，你不可能面对每一个团队成员的潜在客户。但是，工具可以。

工具能进行深度工作。

随着你所在公司的发展，你的影响力和提供的信息会削弱，不再像你希望的那样清晰和直接了。

工具能够远程工作。

我们都有认识的人——家人、朋友和熟人——这些人可能住在其他城市或国家。

每次工作，工具都讲述一个完美的故事。

工具的好处是它永远不会改变，它每一次都总是在讲述着同样的故事。它不会因为我们当天的感受或发生在我们身上的事情而有任何改变。

每个不中用的人总会认识一个成功人士。

我可能曾被认为是那个不中用的人，生活在社会经济金字塔的低层。就我而言，我害羞，内向，没有自信，没有经验，也没有影响力，只是一个住在拖车公园里的工厂工人。谁愿意听我的？

但我能做的是请银行家、律师和企业主来查看一样工具，并请他们提出建议。

工具的魔力。

工具可以强化我们的信息。它能建立并强化信念。试想一下你刚刚做了一个产品演示的情景。它可能是一对一的，二对一的，也可能是一个家庭聚会，甚至是一个酒店活动。

他们兴奋地离开的同时，信息的传播也开始减弱。他们的配偶或同事会开始扼杀其信念。因此，你必须在送走他们的同时，使用一个不断强化信息的工具。

一个引人注目的工具可以反复使用很多次。即使是我这样成功的人，还是会遇到那些消极的人，这些人会偷走我们的梦想。

强化我们的信息对潜在客户很重要，对你团队的每个成员也同样重要。对他们来说，如果信息没有被强化，那么就会开始弱化，自我怀疑就会开始潜入。

重要的是我们都需要工具。每个人都需要工具来强化信息——从你的潜在客户，到你的团队成员，到你自己，甚至像我这样有经验的领导者也不例外。

> 每个信念的桶底都有一个洞。
>
> ——约翰·哈尔姆萨

四种工具。

关键是要用对工具。

√预期/介绍

√建立信念

√培训

√个人发展

成功的关键。

成功的关键是你的潜在客户是否会去查看或去倾听。我们的工作是激发他们的兴趣，让他们兴奋起来，而不是讲述一整个故事。

你必须传达兴奋的情绪，让他们有害怕失去的感受，而不要说得太多。我们的危险在于，告诉潜在客户的话太多，以至于他们认为没必要去查看工具。

我再说一遍，只有在你的潜在客户查看时，一个工具才是有用的。你不能只是提供一个工具，而是必须去定位它并创造兴奋点。

一个朋友告诉我，他听了一个非常糟糕的介绍，然后不以为然地离开了。但当他走出门的时候，销售商说："路上听听这盘磁带。"这位朋友告诉我，回到家时，他很兴奋。第二天，他进行了一个三方通话后，便加入了这个团队。

这里是最关键的规则。

> "不要说得太多，
> 也不要告知太多的信息。"
>
> ——约翰·哈尔姆萨

杰夫·罗伯特一直是我所知道的最好的工具使用者之一。那是在互联网出现之前的年代。那么杰夫做了什么？

首先，他给自己的潜在客户打电话。

然后，给他们寄一个包裹。

最后，打电话与他们进一步探究。

他的方法有效吗？

杰夫在私域营销中赚了8500万美元。

我认为他的方法很有效！

杰夫的例子向我们展示了工具的力量，同时也告诉我们，工具已经发生了变化。

我们已经从邮寄磁带到CD和DVD，再到查看网站和其他社交媒体。

技术总是在变化，我们可以利用它来保持领先地位。

但是，

没有什么东西，

可以取代一个好的……被定位的

工具。

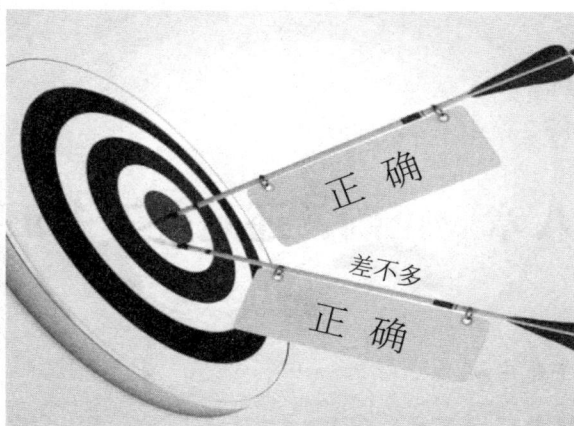

有趣的是，

做差不多正确的事与做正确的事，

所付出的努力，是一样的。

——约翰·哈尔姆萨

第八章 正确，还是差不多正确

沮丧还是庆祝？

挣扎还是蓬勃发展？

一点小钱还是一大笔钱？

这一章将向你介绍成功的循环路线。我们都遵循着这条循环路线，不管我们的公司或产品是什么。问题是，"在这条循环路线上，我们是将事情做得恰到好处，还是做得差不多正确？"

这一章谈论的是那些似乎将每件事都做得正确的人。他们当然相信自己将每件事都做得很正确，但却并没有看到所期望的结果。

从表面上看，在他们眼里，自己每件事都做得刚刚好，但正是一些细微之处造成了好与卓越之间的差别。

√好的四分卫和传奇球员之间有什么差别？

√普通的高尔夫球手和优秀的高尔夫球手有什么差别？

√好老师和优秀老师之间有什么差别？ 两位老师有着同样的教学计划和学生，但一位老师能打动学生，而另一位则不能。

正是一些细微之处造成了这些差别。

对四分卫来说，是他们熟练的技巧；对高尔夫球手来说，是他们站立的方式；对老师来说，是他们对学生的关注。这些细微之处将平凡与卓越区分开来。

这一部分就是关于做正确的事与正确地做事的内容。

约翰，他们做得正确还是差不多正确呢？

我相信他们做得差不多正确。你所看到的结果会因细微的差别而有很大的不同。我绝对相信，如果做出这些小小的改变，就会得到所期望的结果。

成功的循环路线。

无论公司或产品，成功的循环路线都是一样的。所有的私域营销人员在通往成功的路上都会经历这四个步骤：做好准备，分享，跟进，做出积极的决定。

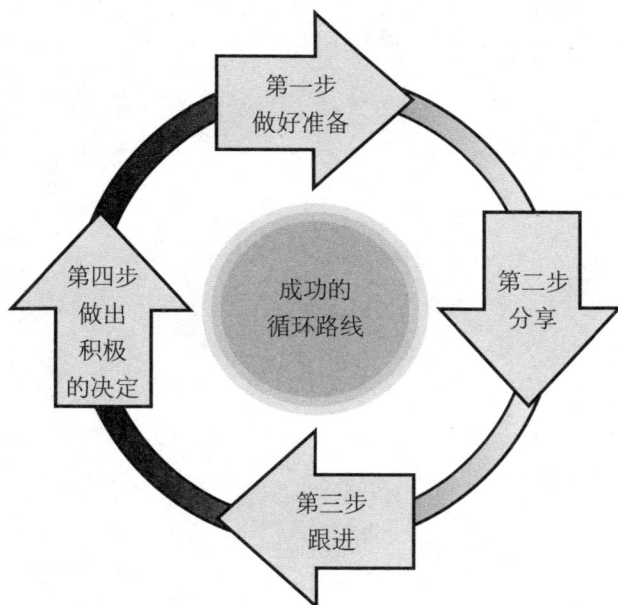

在接下来的四章中，我将通过成功的循环路线来阐述"刚刚好或差不多"。

为什么你会走？

你正走向哪里？

最重要的问题是：

你的峰顶在哪里？

是什么让你兴奋？

第九章　做好准备

人们总会谈论运气。我相信，"当机会遇到有准备的人时，就有了运气。"

正如在生活中完成的事情一样，做好准备是成功的基石。

在这一部分，我将与你分享我认为的"正确"而不是"差不多正确"的情况。

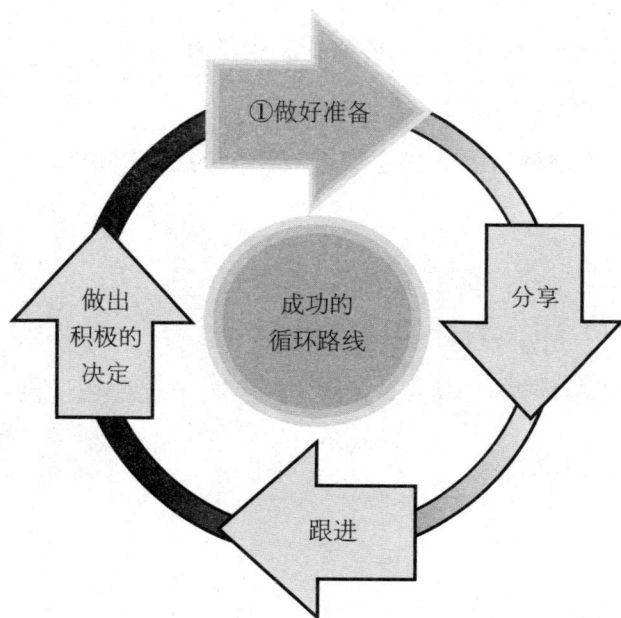

①做好准备

做出积极的决定

成功的循环路线

分享

跟进

为你的"为什么"做准备。

差不多正确：写下你的愿景和目标。

正确：早晚反思。

每天进行反思会刺激你的情绪，激发你头脑中的创造力，从而实现你的梦想。每天做几次下面的练习：

闭上眼睛坐下来，想象当你到达目的地，实现了自己的"为什么"时，你的生活会是什么样子。当你看到那一画面时，会有似曾相识的感觉，因为你已经在脑海里一遍又一遍地经历过了，所以便会觉得似曾相识。

无论你是谁，都必须为成功付出代价。当你头脑中的画面不清晰时，你很难付出代价，所以你必须有一个清晰的画面——一个关于你的"为什么"的愿景。

每日的修炼是将自己的决心锻造成燃烧的激情的唯一途径。

正如厄尔·南丁格尔

在《最奇怪的秘密》中所说：

"你的想法决定你的为人。如果你能控制你的思想，你就能控制

你的命运。"

新年的决心。

每个人都知道这个例子。许多人都会制定新年计划，但到一月底或二月初，这些计划早就被忘记了。为什么？制定计划的人在做这些计划

时不认真吗？我相信他们是非常认真的。

但是……

　　如果没有日常的培养，把决心（目标、梦想、"为什
么"）化为燃烧的激情是不会成功的！ 动机背后一定有一种
情感。

再举一个例子来详细说明。我仍然清楚地记得那一天，在一个公
司会议上，一个人走上台，他已在担任最高的三钻职位。我永远不会忘
记他说的话："我报名的那天就已经是三钻职位了，但还是花了一段时
间，才了解了文书工作。"这就是态度，这就是成功的心态。
这就是动机后面的情感。

当脑海中的画面不清晰时是很难全力以赴的。

准备好奉献。

没有人愿意追随一个没有奉献精神的人。仅仅把脚趾伸进水里是没用的，你需要在泳池里边晒太阳边说："进来吧！棒极了！"

奉献精神是每个企业的脊梁和成功的基础。在人际关系的销售中，奉献精神再度回归。人们不会去追随一个没有奉献精神的人。我给你们举几个例子。

在明尼阿波利斯，我给新来的经销商和潜在客户做了一个二对一的演示。演示结束后，潜在客户变得非常兴奋，他看着新来的经销商说："嗯，乔，这看起来真不错，你会怎么做呢？"

乔回答说："我正在找工作，我想我愿意试一试。"如果你是那个潜在客户，你会有什么反应？

"在别人身上去试吧，别找我。"

人们都希望与有奉献精神、做事专注、有目标的人一起工作。

> "无论头脑里想到什么，都相信会被实现。
> 如果做不到这一点，你也就不会有那种想法。"
> ——拿破仑·希尔，《思考与致富》

另一个例子是，在你自己的工作场所，你可以分辨出哪些人是忠于公司的，哪些是只管拿薪水的。没人告诉你某个人属于哪种情况，但你可以从他们的行为中看出来。

私域营销也是一样，奉献精神是非常重要的。当你身处困难时，坚持奉献精神是不容易的。比如，当你毫无兴趣地将你的公司介绍给25个人，当梦想的小偷来找你，或者当你不断地投入时间和金钱却毫无回报的时候。正如厄尔·奈廷格尔所说："当情况不明朗时，就很难付出代价。"

假设我保证给你10万美元，我在12个月内把它存入一个可以付款给你的银行账户。你每周的工作是向3个人介绍你的公司，开3次二对一的会议，带两个人去做业务演示。你会有奉献精神吗？毫无疑问，你会的，你会做出全力以赴。因为你可以非常清晰地看到这幅图景。

现在，如果我告诉你，做同样的事情，你会得到双倍的钱，又会怎样呢？你将得到20万美元，但没有任何保证。这对你来说就比较困难了，因为图景不那么清晰。

做好保护心态的准备。

私域营销人员在做业务时，面临的最大挑战中的一个便是，情绪过山车。

面对"你会被击垮吗"这样的问题。

你会被击垮。但不要怕。

重要的是，"你会站起来吗？"

提前知道了这种情况总是会发生，会给你一个正确的心态去重新站起来。

这里有一些保持正确心态的建议：

√保持对电话和事件的关注。

√脑子里不断地装进好的东西。当你在车里，在外工作，或享受一些休息时间的时候，听听你公司的音频和个人发展音频。

√做好对付偷梦者的准备。并不是每个人都准备相信你的故事。因为当你认为对方的故事没有效果时，你是不会相信他们的故事的。

谈到最后一个建议，我想起了试图在家乡招募一个老朋友的情景。他是一个非常消极的人，他给了我世界上所有关于这项业务不会有结果的理由，包括："别人也会想到的，你们都会完蛋的。"他列出的理由有长长的一大串。

我终于让他闭了嘴，说："如果托马斯·爱迪生发明灯泡时你在他身边，你一定会说服他放弃灯泡的想法，我们就只能在烛光下读书了。"最后，我说："即使我的生意明天就关门大吉，我还是比你早赚100万美元。"

不要指望每个人都相信你的故事。重要的是你不要让别人说服你，让你认为他们的看法才是正确的。让他们觉得，你的这个业务机会有如此丰厚的利润的一个原因是大多数人都没有看到它。重要的是，一定要保持积极的心态。

不要让消极的人或消极的想法夺走你的大好机会。

> 如果很难，就努力去做。
>
> ——莱斯·布朗

重要的不是让每个人都相信你的故事。你不被消极心态影响才是最重要的。

> 执行力就是一切。
>
> 只有愿景是不能解决问题的。
>
> 一切都取决于执行力。
>
> ——布莱恩·特蕾西

约翰，似乎没有人对你的故事感兴趣。

差不多正确：你的故事排练的很好。

正确：用难以置信的精力、信念和敬业精神讲述自己的故事。

记住，在私域营销中，如果没人感兴趣，就说明这个故事本身不好，或者你没有用足够的热情、激情和姿态来讲述它。

把你冷冰冰的故事记下来，这样你就可以充满热情地将它传递出去。

——丹·金尼逊

故事是你成功的重要组成部分，你应该在60秒内讲完。刚开始的时候，最好先讲述别人的故事，直到有机会的时候再讲自己的故事。

注意：如果在讲述故事时，你的潜在客户目光呆滞，那这个故事就太长了，你正在做长篇大论。

你一定得有激情。因为我刚进入这个行业的时候，也不知道自己在说什么，潜在客户也不知道我在说什么，但他们无论如何都想做这个生意，因为他们能感受到我的热情！

有两种人——

一种是当他们进入房间时让房间变得明亮的人，

另一种是当他们离开房间之后房间才变得明亮起来的人。

例如，你可以让两个人去分享同一个故事，其中一个人只是讲述这个故事的内容而已。

而另一个人则满怀我所说的那种精力和激情来讲述这个故事。

我保证，会产生两种不同的效果。

这个行业满是通过视频、音频、社交媒体、书籍、电话，以及会议电话和谈话等方式讲述的精彩故事，这些故事让人们了解了这个行业的一些大名鼎鼎的人物。

你会去找一个住在拖车公园里的维修经理吗？他有着极强的卑微的自尊心，你要是不先开口，他是不会问候你的。

无论谁迈出了这一步，都已永远地改变了我的生活，反过来也改变了我数千位同事的生活。

"分享"的本质是**激发**兴趣。

它并不是为了**满足**这种兴趣。

这里的目标是让你的潜在客户进入到下一步，无论它是什么。

它可能是查看一个工具，参加一个家庭聚会或一个小组会议。

这就像告诉别人一部好电影或者一家很棒的餐厅。

你希望他们想知道更多的信息。

分享……差不多，还是满怀激情？

第十章 分 享

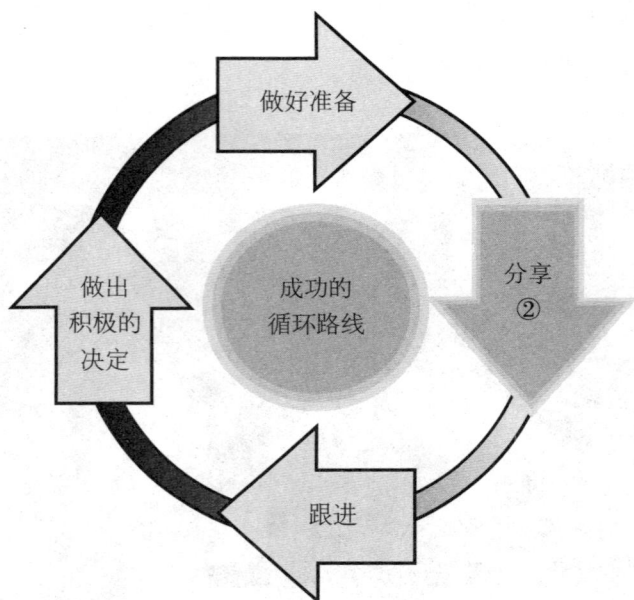

介绍你的业务。

你最初的介绍应该是**激发兴趣，而不是满足兴趣**。你要给潜在客户足够的信息，激发起其好奇心，以便让他们想知道的更多。

因为你知道的太多，你将面临的危险是，当潜在客户问你一个问题时，你会想要用一卡车的信息来回答他们。而我总是以简单的回答来做出回应，比如：

√ "我刚刚发现……"

√ "我们得马上谈谈，我们什么时候可以再见？"

√ "你的收入与花费成正比吗？"

√ "你手边有电脑吗，你需要看看这个。"

这都是为了让人产生一种紧迫感和害怕失去的紧张情绪。

约翰，我说的太多了吗？

> 差不多正确：把每件事情告诉每一个人。
>
> 正确：多听少说。

这是我真正要告诫人们的地方。新的经销商通常都会犯这样的错误，他们对业务、产品、新愿景、薪酬计划和管理团队感到太兴奋了，以至说得太多。事实上，那只能说是喋喋不休地念叨。

这种情况在做业务的每个阶段都会遇到。与朋友聊天时讲述整个故事来自夸，三方通话时，在本应倾听时说太多的话，或者在一对一的产品演示中给可怜的潜在客户灌输过多的信息。

记住，70%的交流是倾听。下次你对业务进行冗长的解释时，不要忘了：

一直在说的人总是输家。

> 你可能会被击垮，
>
> 问题是，
>
> "你会一直趴着不起来吗？"

约翰，今天去招聘时，你会怎么做？做什么？

> 差不多正确：认为只要做演示，人们就会加入。
>
> 正确：清楚招聘是一个过程。

一旦受雇于私域营销，你期望在解释的时候，每个人都能看到你解释的图景。如果这样，你一定忘记了自己一开始时的经历。

这个过程包括逐渐了解员工，建立信念、信任以及融洽的关系。记住，在了解你所关心的事情之前，他们并不在乎你知道多少。

通常来说，需要3次的接触才能把一个人带到这条道上来。招募，或者把一个人带进公司，并不是一件大事。这是一个过程，或者说是一系列的事件，所以有人会说："对，把我算进去，或者说，不，现在还不适合我。"

倡议别人加入就是一个接触的过程，是在潜在客户那里获取和保存信息的过程。

> 你的员工会以你为榜样，
>
> 所以你做的每件事都必须是可复制的。
>
> 他们做你常做的事情时，一定会觉得很舒服。

在进行招募的时候。

> 差不多正确：告诉每个人每件有关你喜欢私域营销的事。
>
> 正确：告诉每一个人私域营销将如何为他们工作。

如果有人说"不"，我会把它看作"现在不行"，然后把他们列在名单上，大约90天后再给他们打电话。我一般会说："我只是想跟你打个招呼，看看你最近咋样。"

每隔90天，他们就会成为新的潜在客户。他们的境遇可能已经变了，也许丢了工作，也许去了另外的地方。也许你也已经变了，却是现在变得更好了。

约翰，我只是喜欢私域营销，想要告诉每个人这是多么神奇。

差不多正确：告诉每个人每件有关你喜欢私域营销的事。

正确：告诉每一个人私域营销将如何为他们工作。

人们在私域营销中的一个首要习惯是使用行业术语，像上线、下线、跨线、赞助商、个人业务量、团队、级别和组织，可这些对潜在客户毫无意义。

使用行话只会造成混乱，如果你的潜在客户感到困惑，他们绝不会加入你的业务。

告诉他们如何开始兼职工作而不放弃有保障的全职工作，强调作为团队中的一员，他们将得到团队的支持。确保他们明白，当他们说"是"的时候，我们的工作就开始了。

技能形成于做事过程。

利用社交媒体。

"接受不可避免的事情总是最好的。"

社交媒体的出现是不可避免的。

问题是，

"我们怎样才能发挥它最大的优势呢?"

必须承认，我不是社交媒体方面的专家，这一部分是我对这个不断变化、发展的主题和重要问题的总结。

永远不要忘记，

社交媒体绝不会替代面对面的会面或私人电话，

但是，

在人际交往的世界它已经成了必需品。

传播信息：社交媒体是传播信息极具价值的工具。

使用社交媒体的目标不是为了销售，而是为了创造好奇心，去参与并开始一段对话，进而引出一个电话或一个会议。

你不认识的人：社交媒体不过是一种结识你可能不认识的人的方式，关键是要逐渐了解他们，与其建立起融洽的关系，最终使你有机会谈论你想要谈论的事情。行动不要太快，关键是要建立起融洽的关系。

你认识的人：这里的目标是让人们知道你在做什么，而不需要详细描述或发布链接。

> 差不多正确：通过社交媒体介绍你的业务，然后努力通过社交媒体引导人们做出决定。
>
> 正确：一旦人们感兴趣，就打电话给他们。

发布通知：社交媒体是一个很好的工具，可以向你认识的每个人发布通知。你可以通知他人一个电话会议或者一个本地会议，但是仅仅靠社交媒体的通知本身是不够的，你一定要打个电话跟进。

我通过脸书等社交媒体获得了很多关注，但没有人加入，怎么回事呢？

> 差不多正确：在你的网站上发布自己正在做的事情并附上详细信息和链接。
>
> 正确：发布一条简短并有悬念的信息来激发好奇心。

社交媒体是一个发布你正在做的事情的极好方式，是一个很好的公开方式。关键是不要在社交媒体上推销，不要提供太多信息或附上链接。这样做的目的很简单，就是激发好奇心，让别人说："听起来很刺激，告诉我更多有关的信息吧。"

当有人在社交媒体回应你时，你的首要目标必须是建立融洽的关系。建立这种关系时，你绝不能告诉他们有关你的产品、公司，或者自己的事，而是去了解他们的兴趣爱好。你可以问这样的问题：

· 你的兴趣是什么？

· 你正在寻求什么？

· 是什么吸引你来看我发的帖子的？

最后是不要进行冗长的来回沟通形式，我最好的回应是："我们什么时候可以谈一谈？"

一般人在脸书上都有300个好友，每当有人发表评论时，脸书都会提醒他们的所有好友，所以这是传播你的故事的好办法。

但是……社交媒体永远无法取代一个兴奋的人告诉朋友他刚刚学到的东西。私域营销是朋友之间的销售。当涉及某人下订单时，一定要打私人电话。

收音机
38年
达到5000万

电视
3年
达到5000万

互联网
14年
达到 5000万

社交媒体
9个月
达到1亿

多少人使用脸书：
13.93亿的每月活跃用户
每位用户每天花在脸书上的时间：
21分钟

这张图展示了当今交流的快捷和社交媒体的强大。请记住，这里所说的几十亿用户只是脸书上的用户（这个数字不包括其他社交媒体网站，如Twitter、LinkedIn、YouTube，Instagram等）。

社交媒体不会直接让你做出肯定回答或花钱加入你的团队，它只是一种激发兴趣和帮助你建立信念的方法。

在我看来，艾米·格林菲尔德给出了我所见过的最好的7点总结。

> 社交媒体在全球无处不在，它是一种在全球范围内增加你的团队成员与潜在客户的巨大工具。

社交媒体可以让你的能力有一个完全的转变，可以将相当比例冷市场的潜在客户转化为你暖市场的成员。这是一个很好的资源，它会帮助你让潜在客户愿意通过电话与你谈话，或愿意与你见面。

使用社交媒体的7点建议

1. 确保你的资料是公开的！你想让全世界都看到你，那就要有一张自己专业而真实的照片，最好是头像。一定确保其真实性。在你的个人资料中分享大量的信息。你希望人们更多地了解你，了解你的为人、你的背景、令你骄傲的事情、孩子、配偶，以及你的好恶，以便能与你产生共鸣。

2. 不要在社交媒体上张贴公司名称或其产品，那会消除所有的好奇心。你要发布一些让人好奇的帖子，这样他们就会主动联系你。

3. 发布个人物品，比如你的照片、家人、活动、生日、有趣的事情，要积极向上，鼓舞人心。不发负面的帖子。做一个人们愿意追随的人。提一些吸引人的问题，分享人们可以学习的有价值的信息，以便你90%的帖子都是"给予"性的，比如鼓舞人心的名言、有趣和振奋人心的故事链接、个人发展的有用信息、营养小贴士、健康食谱、适当的笑话，以此去激励和愉悦他人。另外10%可以是关于你在私域营销方面的进步及你的生活方式的，但不要利用你公司名称或产品来取得别人关注。

4. 评论别人的帖子，而不仅仅表示喜欢它们。你在努力建立人际关系，让人们参与其中，而最好的方式就是与他们互动。当他们发表了一篇文章，或分享了一个故事，抑或是发布了一张照片时，以适当的方式进行评论，这样他们就知道你花时间去看了。当他们评论你的帖子时，一定要感谢他们。

5. 杜绝垃圾信息！在别人的照片上加标签是可以接受的，这样会让你有更多的曝光率，因为他们的朋友也会看到，但在没有他们的帖子上加标签会被认为是垃圾信息，人们会将你从好友中删除并屏蔽你的帖子。

6. 每天发送5个好友请求，目标是发展你的团队成员。找到可能是你目标市场中的群体，即营养师、健身专业人士、护士、教师、网络工作者等，然后加入一些群体。不要在群体中向人们推销，可以通过私人信息与他们联系。逐渐了解他们痛苦的事情、面临的问题和需求。向他们表现出你的关心，看看怎样去帮助他们。

井号标签是很棒的选择，应该在你大多数的帖子中使用。当人们搜索不同的主题时，他们可以通过井号标签来搜索。井号标签的使用不要超过3个。可供参考的例子：#健康的生活方式、#企业家的生活、#营养、#灵感、#在家工作、#梦想。

7. 进一步采取行动！私人信息将是你建立人际关系最好的工具，因为它终究会通过电话联系！！！你的最终目标就是让潜在客户在电话中和你交谈，并在适当的时候，与你一起和你的领导做一个三方通话。当人们接受了你的友谊或联系时，给他们发私人信息，感谢他们与你联系，问他们在做什么，然后开始交谈。你会逐渐了解他们，但不要向他们推销，只是问问是否可以给他们打电话。

人际关系营销就是利用人与人之间的关系进行的销售

注意：年轻人（千禧一代）往往不打电话，他们会先发短信。

如果年长的人给他们打电话，他们通常不去接这个电话，而是回微信说："啥事？"

微信已经改变了我们所有人的交流方式。

社交媒体网站

社交媒体平台有很多，本书中无法——列举。例如脸书、推特、邻客音、图片分享社交应用、照片分享平台，以及下一个即将变得最热门的任何东西。30岁与30岁以上的人通常最喜欢脸书、推特和邻客音，而年轻人则喜欢照片分享平台、品趣志和图片分享社交应用。

关键不是做所有的事情，而是选择一两个平台并专注于它们。

警告：

通过社交媒体进行交流时，90%应该是关于你个人生活的，而剩下10%是关于你的事业的。做到这一点并不容易。

永远不要让人觉得你是在推销。

不要一天发好几次信息，做得太过了，这会使人们应接不暇，感到恼火而对你的帖子视而不见。

约翰，我感觉自己知道的不够多。

差不多正确：认为你需要知道更多。

正确：不需要什么都知道，在赚钱的过程中你会学到很多。

私域营销人员犯的另一个错误就是认为他们需要知道一切。知识不能生产出行动，而行动能产出知识。

人们是在行动中学习的。

一些营销员进入这个行业，就认为自己需要了解一切——薪酬计划的细节和产品的一切。问题是，你在这个行业里做的每一件事都是在为你的员工树立榜样，你的员工将会效仿你的行为。

如果你做业务时像产品专家或薪酬专家那样谈话，你的员工就会认为自己也必须是专家。你也许会给他们留下深刻的印象，但他们可能会认为自己永远也做不了你所做的事，或知道的像你那样多。

在招募过程中，你所做的一切都是在树立榜样。它向你的员工展示他们必须做些什么才能成功。

在幼儿园的时候，你就已经学会了在私域营销中取得成功所需要知道的一切。

它就是展示与讲述。

记住四个SW：

SW – SW – SW – SW –

有些人会（Some will）——有些人不会（Some won't）——那又怎样（So what）——有些人正在等待（Some waiting）。

接下来：

约翰，如果有人问我问题，我为什么不能详细回答？

当你和别人分享你的业务或产品时，记住你的目标是激发兴趣，而不是满足兴趣。

许多私域营销人员常犯的错误是，当人们开始问问题时，他们会认为，哇，这些人是真的很感兴趣，于是着手回答这些问题，从而给他人提供了太多的信息。

当人们向你问问题时，他们真正在做的是试图获取足够的信息，看看他们是否有兴趣了解更多。他们是否愿意花时间去查看你的工具，或来参加你的家庭聚会或小组演示呢？

通常的情况是，潜在客户会根据一小部分信息来决定公司是否适合自己（而不是通过查看工具或参加活动去了解整个情况）。

> 关键是开始行动，现在就开始行动。

约翰，当有人说："如果你要看我的东西，那我也要看你的东西。"我该怎么做？

这种方法可能在幼儿园适用，但当你和潜在客户谈话时就没用了。如果你同意潜在客户的建议，那么在他们展示其业务的整个过程中，你都在思考如何去反驳，表明你的业务更好。而当你展示你的业务时，他们也在想着同样的事情。

当遇到他人的时候，你总是在买或卖。那么你是在买进他们的故事，还是在卖出自己的故事？正确的回答（这需要练习）是："关键是，不管我是否对你的东西感兴趣，你都得看看我的东西。"

你必须表现出对事业全身心的投入。

谁表现出最高水平的投入和信念，谁就能影响他人。

差不多正确：好吧，给我展示你的。

正确：关键是，不管我是否对你的感兴趣，你都得看看我的东西。

厄尔·奈廷格尔说过："成功是有价值的理想或目标的逐步实现。"

进步是一个过程，它是不会在一次巨大的量子巨变中突然出现的。

成功是逐步实现的，是一步一个脚印去达到的。

是否想要成功，选择权永远在你自己手中。

财富正在滚滚而来。

——约翰·哈尔姆萨

第十一章　跟　进

建立信念的后续行动必须及时跟进。

如果拖延了太多的时间，你将一直在重新开始的路上。

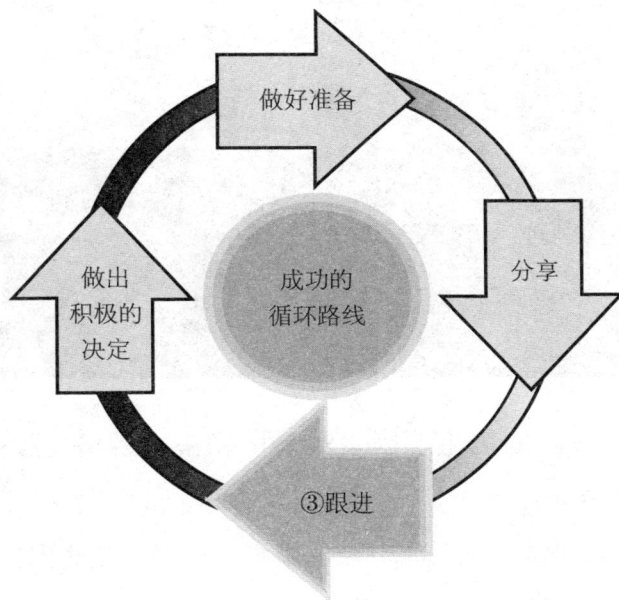

约翰，开展我新业务的最好方式是什么？

举办家庭聚会是开展新业务的好方法。如果做得好，你会聚集起一群人，并使大家振奋起来。

但是……你的家庭聚会必须办得恰到好处。

差不多正确：通过脸书邀请，并通过你的网站、明信片、传单、电子邮件发布链接。

正确：发短信以引起他们的注意，然后跟进。实时的私人电话是唯一的邀请方式。一定要得到明确的答复。

活动取得成功的最重要因素就是出席率，邀请过程中不要走捷径……**拿起你的电话**。

√尽可能快地为新成员举办家庭聚会，最好是在他们加入的头几周内。确定日期，坚持下去，不要取消。

√适当的邀请。没有适当的邀请就不会有成功的聚会。出席率是最重要的，没有它，你便无法举行聚会。

√关键是，邀请绝对要通过电话进行，你需要得到一个明确的答复。任何说"也许去"或"尽量去"的人是不会参加聚会的。在寻求明确答复时想进行确认的一个不错的问题是——"您能确定吗？"

√聚会前不要邀请得太早，提前3天最好。

√警告：通过脸书、电子邮件或书面形式邀请别人是行不通的。这类邀请可以与电话结合起来使用，以强化邀请效果并提供详细信息，但无法取代私人电话。

√务必（通过电话）确认聚会日期。

关于家庭聚会本身：

√按时开始。

√确保房间内凉爽舒适。

√移除所有的干扰，例如：宠物和小孩。

√要专注，不做无关的谈话。

大多数公司都有自己的家庭聚会计划，确保知道公司计划并按其实施。

在跟进过程中，你会推荐哪些工具？

记住，我们的目标不仅仅是使用适当的工具，这也是做好对工具的准备，以方便潜在客户查看信息。但是，如果你没有激发起潜在客户的兴趣，他们是不会查看这个工具的。

互联网是一个极好的向他人传递信息的途径，尤其是当他们身处异地的时候。各种网站、YouTube和在线视频都是获取这些信息的绝佳途径。

通过实时的在线研讨会、电话会议或三方电话会议获取的能量和兴奋情绪是强大的。让某人参加电话会议的最好方法就是通过三方会议。

让潜在客户参加当地的现场活动是有非常有益的。

我总是有一个备用工具，用来强化信息，使之停留在潜在客户的脑海里。它可能是一个音频，一个DVD视频，一个小册子或一本杂志。

关键是当你的潜在客户在他们的车里，锻炼身体或做任何不需要他们全部注意力的活动的时候查看你的信息。

同样的信息也许能在网上获得，但大多数人上网时的注意力和持续时间都很短。他们通常是一心多用，电视开着，电话响着，家人在身边，而你真正要做的是让他们不要分心。

一个好方法就是给他们发送一个应用程序或链接，这个应用程序或链接可以让他们得到能够下载到手机上的视频或音频，来帮助他们建立信念。

我不停地讲故事，但却没有收到任何回复。

差不多正确：跟你见到的每个人交谈。

正确：24小时内跟进。

如果没有收到任何回应，最可能的原因是：

√你说得太多。记住，你的目标是激发起兴趣，这样人们便想知道的更多。

√你在听他们说吗？你在问他们对什么感兴趣吗？

√提醒自己这是人与人之间的销售。

√你有激情吗？

√你展示了自己对工作的投入与信念了吗？

√你没有制造一种紧迫感和害怕失去的感觉。我所说的紧迫感和害怕失去的感觉应该与一种感觉类似，那就是你通过可靠的内部消息得知自己一分钱的低价股会涨到每股1美元时的感觉。而你如何传达这种感觉呢？

24小时内跟进。记住，财富也正在跟进。

约翰，我不停地向许多人介绍业务，但却没得到多少回应。

差不多正确：并不是每一单业务都进行三方通话。

正确：与每一位感兴趣的潜在客户进行三方通话。

财富正在跟进中。除了持续跟进，绝对没有其他选择。你必须在24小时内跟进你的潜在客户。

跟进的最佳时间是当你把潜在客户介绍给公司，或让他们查看你建议的信息的时候。

在特定的时间得到他们的许可。例如："鲍勃，我很愿意听听你的反馈。明晚7点左右给你打电话，可以吗？"

当你跟进时，50%的情况下，他们不会照你说的去做。问问他们什么时候有空，然后和他们约个时间再次跟进。

记住，如果你没有持续跟进，你将一直在重新开始的路上。

24小时内跟进。

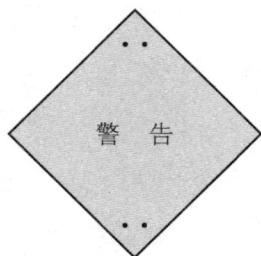

警 告

财富正在跟进。

我总是听说要三方通话，为什么三方通话这么重要？

有许多次，你可能觉得自己的潜在客户不值得，或者感觉自己可以应对，不想去干扰你的上司时间。

问题是，如果你不与你的潜在客户进行三方通话，他们也就不会与他们的潜在客户进行三方通话。这就破坏了可复制的过程。

三方通话和启发。

你

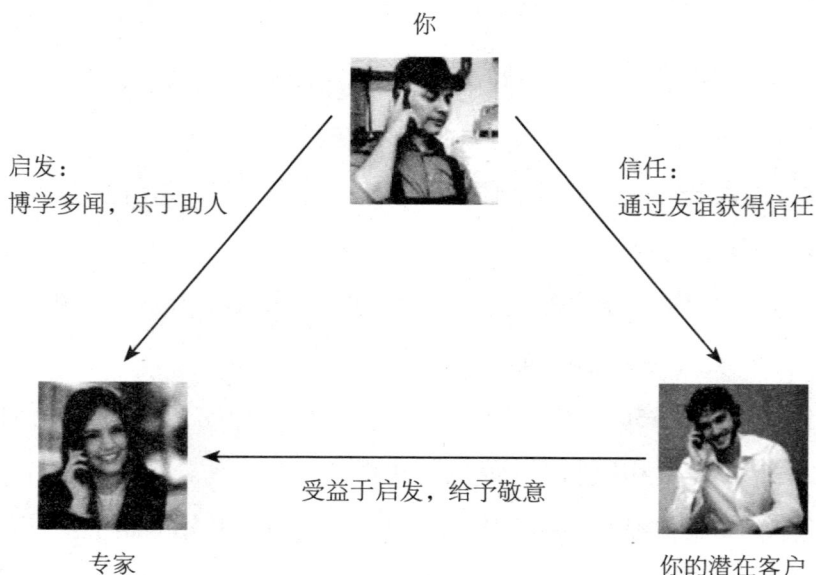

启发：
博学多闻，乐于助人

信任：
通过友谊获得信任

受益于启发，给予敬意

专家

你的潜在客户

三方通话的益处。

1．第三方消息来源听上去总是更可信。

2．这对你来说是一次学习经历。当你听到你的上司回答问题、消除异议，并引导你的潜在客户做出决定时，所有这些信息都会传进你的耳朵，同时也传进他们的耳朵。这绝对是学习业务最微妙之处的最佳方式。

3．当你一遍又一遍听到这些信息时，你会对你的潜在客户和你自己树立起信心。

4．这体现了你对潜在客户的支持。然后他们会发现自己并不孤单，有人会帮助他们前进。

头几次三方通话会让我感到舒服吗?

……绝对不会……

大多数的人开始并不愿意进行三方通话。

随着时间的推移，当他们看到三方通话所带来的价值极其重要性时，就会100%地相信了。

我真的喜欢三方通话的想法。
进行一次三方通话的最好方法是什么?

> 差不多正确：询问你的潜在客户是否愿意进行三方通话。
>
> 正确：当你给潜在客户打电话时让你的上司接听电话。

如果你试图为潜在客户安排一个三方通话，大多数人会说不。他们不愿意与陌生人交谈，也害怕被强迫去做自己不想做的事。

打三方电话的最佳方式是，在你与潜在客户进行后续通话时，让你的上司接听电话。

例如，"嘿，鲍勃，我们继续聊吧，我的朋友萨莉正好在线，她干这行比我久，所以更了解这一行。"然后闭上嘴巴让萨莉去说。

或者，"我是个新手，我想你可能有一些问题要问，而我解释得不清楚。我刚刚正在和萨莉交谈，她是我的同事，做这一业务的时间更长，而且她已经取得了巨大的成功。希望你不介意让她加入我们的谈话。"然后闭上嘴巴让萨莉说。

当我一步步走向成功的时候会有什么阻碍吗？

当然没有！**如果你生活在一个完美的世界**。

其实，对上面问题的回答并非肯定的：

√会有阻碍吗？

√我会被打倒吗？

你会被打倒。

真正的问题是："你会站起来吗？"

> 如果你发现你走在一条没有阻碍的道路上，最终你会一无所获。
>
> ——约翰·哈尔姆萨

第十二章　做出积极的决定并消除异议

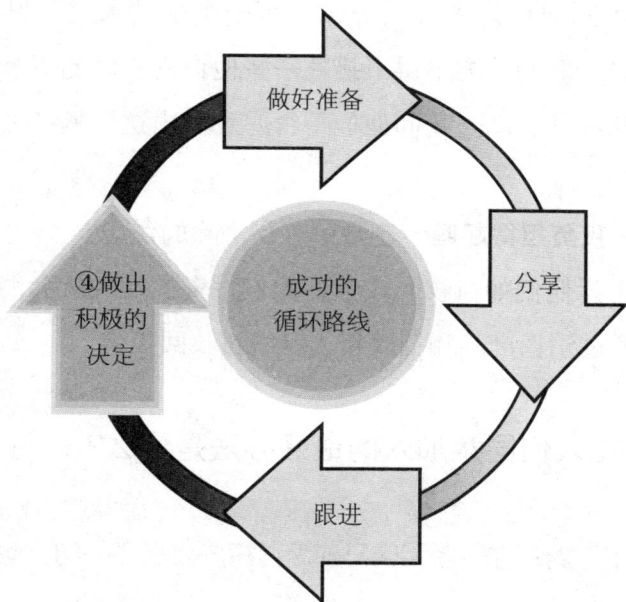

做决定时的心理特点。

如果一个潜在客户只是想买你的产品，这是一个简单的决定，并不比买食品杂货更困难，而加入一家公司的决定要复杂得多。不管你或潜在客户是否意识到这一点，以下这些都是潜在客户正在考虑的事情：

害怕失败和拒绝。如果没有效果怎么办？我的朋友和家人会怎么想？

这里，关键是要树立他们的信心。在别人答应你之前，他们必须对自己说"我可以"。帮助别人建立信念的一部分是向他们证明，他们的同事、领导和公司都在支持他们，并向他们展示很多人已经取得了成功案例。他们需要明白，当他们说"是"的时候，正是我们工作开始之时。

我有时间做吗？我现在很忙。

大多数人努力工作只是为了收支平衡。而可悲的是，他们努力工作的结果却是在实现他人的梦想，保障别人的安全。我向他们解释这一点，同时询问他们是否可以每天只花一个小时来建立自己的财务安全，并解释说，他们可能不得不牺牲一些他们喜欢做的事情，比如看电视、打保龄球或做运动。我问他们是否愿意做出这种牺牲去实现自己的梦想。

成本——我负担得起吗？这是最容易消除的疑虑。

如果你告诉他们如何收回成本，他们投资的疑虑就会消失。帮助他们看清楚，通过销售产品和招聘新人就能够收回投资。

约翰，让人们同意加入的最好办法是什么？

差不多正确：你已经和自己的潜在客户分享了一切，他们应该准备好开始了。

正确：只是让他们开始就行。

做出一个积极的决定的实质是让别人做出这样的决定出来。请注意：你希望潜在客户说"是"，但在答应你之前，他们需要对自己说的是"我能做到"。

私域营销人员常犯的一个错误是不断地提供信息，直到最后有人说："是的，我准备好开始了。"而最难做的事情之一就是要订单——也就是要钱。

重要的问题是：

"关于这一点，

您看到自己的机会了吗？"

√**如果回答是否定的**，可以说："您想试一试哪些产品？"

√**如果回答不确定**，可以说："您有什么问题？"倾听他们的回答，然后问："关于这一点，您看到自己的机会了吗？"

√**如果回答是肯定的**：拿到申请并立即帮他们完成填写。

若有人既不说"不"，也不说"是"，你该怎么办？

差不多正确：不断提供同样的信息。

正确：找出阻碍他们的原因。

当人们感兴趣但又不确定时，可能有以下一个或多个原因：

√还有一些地方不懂。

√有尚未解决的问题。

√不知道自己是否能做。

√还没有树立起信心。

√害怕失败。

关键是找到阻碍他们的原因所在。我喜欢问："在1～10的范围内，10表示准备开始，您现在处于哪个位置？"

如果他们说："7。"那么我会问："您还需要知道什么才能到达10？"

有时人们只是不知道到底是什么在阻碍着他们。在这种情况下，他们可能会害怕。你需要向他们保证，即使是自己做生意，他们也不是孤军奋战。

本·富兰克林的方法。

你的潜在客户必须明白，当他们说"是"的时候，我们的工作就开始了。我最喜欢的一个技巧是本·富兰克林列出利弊的方法，那就是在一张纸的中间画一条竖线，将其一分为二，然后在一边列出优点，另一边列出缺点。

这种方法的关键是，预先做出一个共同的承诺，即无论如何，他们都将按照比较的结果去做。

我总是帮助潜在客户写优点，然后让他们自己填补缺点。在每一种情况下，一切都会变得无比清晰。

优 点	缺 点
·拥有自己的事业	
·时间自由	
·税收优惠	
·在家工作	
·不用坐通勤车	
·改善收入	
·有余钱	
·低风险	
·拥有自己的生活	
·实现自己的梦想	

消除异议的最好方法是什么?

差不多正确:指出反对意见不合理的原因,然后争论起来。

正确:适当的方式是去感受→同感→发现。

私域营销人员常犯的一个错误是,当他们面对反对意见时,最终会争论起来。而当这种情况发生时,潜在客户的防御机制就会激发出来,他们便会对你关闭大门。

正如斯蒂芬·柯维所说:"首先去理解别人,然后再被别人理解。"

当我使用感受、同感、发现这几个词的时候,我一直以来的最好的反应就是,与其和他们争论,不如同意他们的看法。

先说:"我了解你的感受。"这就完全解除了他们的武装,减少隔阂。他们不可能和赞同他们看法的人争论。

然后说:"我也有同样的感觉。"现在你与他们产生了共鸣。他们认为你和他们一样,并理解他们,这样他们便会畅所欲言而使你业有机会发现问题所在。

然后,你就可以说:"这是我发现的。"现在他们都在洗耳恭听,好奇于你的发现。你会发现这种方法几乎适用于所有情况。

每个人都说:"这看上去是真的,但我就是没有时间。"

差不多正确:告诉他们不会花太多时间。

正确:使用"感受→同感→发现"这一方法。

还是用感受、同感和发现这一方法。"我了解你的感受"或"在别人给我介绍的时候,我也有同样的感觉"或"这是我发现的"。例如:

√"我发现，由于杠杆作用，这份工作实际上给了我更多时间。"

√"我发现，如果我不去做一些不同的事，我将永远不会有时间。"

√"我发现，如果我确信花时间是值得的，我是可以挤出时间的。"

看起来你所做的就是要招聘新人，那谁卖产品呢？

差不多正确：我们都销售产品。

正确：使用"感受→同感→发现"这一方法。

我了解你的感受，在别人给我介绍的时候，我也有同样的感觉。

我发现这不是谁卖产品的问题，真正的问题是谁在使用产品。

如果你是顾客，我卖产品给你，你使用产品，我也赚了点钱。

如果我和你签约，你便成了一个经销商，你仍然在使用产品，而且还可以与使用该产品的其他人分享，无论这些人已签约加入我们还是只是客户。

但通过签约成为经销商，使用产品的人可能会从你这里开始增加到几百人，甚至数千人。

关键是这些产品正在由他人使用。

当有人告诉你："我知道有人试过，但并没有成功。"你会怎么说？

差不多正确：也许这个人并没有真正努力去做。

正确：使用"感受→同感→发现"这一方法。

我了解你的感受。

别人给我介绍私域营销的时候，我也有同样的感觉。

不过我有了自己的发现。我发现有些东西并非对每个人都是有效的。我知道有些人在上中学的时候就已经失败了。这并不意味着中学教育不起作用，而只是不适合那些人。

你知道吗？90%的房地产经纪人在第一年后没有续签他们的执照，95%的保险经纪人不到3年就失败了。这些代理人在学校教育与培训上投入了金钱和时间，必须通过考试才能开展业务。

在私域营销中，如果你能了解个大概，就能签约。私域营销人员和上述人员之间的区别是，他们去纽约人寿或瑞麦地产工作，但没有成功，他们不会到处说这是一个骗局。他们只是承认这项业务不适合他们；但当有人在私域营销中失败，他们会说这是一个骗局。他们不愿承担责任，也不承认自己没有努力。

当有人问："这是金字塔式的营销模式吗？"我怎么说？

差不多正确：说"这不是金字塔式的营销模式，那种营销模式是不合法的。"

正确：问他们："金字塔式的营销模式是怎样的？"

用问题来回答问题会给你机会更深入地了解他们的想法。在大多数情况下，他们会这样回答，"你知道，处于顶层的人赚得盆满钵满，而底层的人是没有机会到达顶层的。"

或者他们不告诉你自己真正的意思，所以你可以这样问："你是不是想说那些在顶层的人赚了所有的钱，而底层的人是没有机会到达顶层的？"

无论哪种情况，你都可以说："不是的，根本不是那样的，但我曾经为一家这样的公司工作过。"

当时我是乐趣薯片工厂的一名维护人员，是不可能站到公司金字塔顶端的。因为在任何公司，有人要升职，那其他某个人就必须得升职或离职。

公司的结构比任何私域营销公司都更像金字塔。像利用庞氏骗局或连环信的公司或真正的金字塔营销中，顶层的空间只给唯一的一个人。

私域营销实际上是一个倒金字塔。所有的空间都在顶层，任何人都可以进入；然而，大多数人不会尽其所能达到顶层。

首席执行官

董事长

副董事长

总监

员工（事实上没有成为首席执行官的机会）

"谢谢！就像金字塔骗局！"
"真正的私域营销是这个样子的！"

复制其他人的做法

做指导人

引导

传授

起步

当有人说"我没钱"的时候，我该怎么说？

差不多正确：你同意他们的说法。

正确：试试这个例子。

有时候，你会遇到这样的人，他们会说："我就是你要找的人，可以做这个业务，但我没钱，甚至连做最低限投资的钱都没有。"

我坚信有志者，事竟成。如果人们真的想做某件事，他们会想办法去做；我也相信，如果人们不能设法拿出最小的投资，那他们无论如何也不会成功。

当一位潜在客户告诉我他没有钱时，我会说："你是在强调你自己实在拿不出几百美元，但会竭尽全力去谋求。你会告诉你自己能成为销售明星吗？"

然后我问他们一个问题："设想一下，我们今天谈完，你离开时，有人故意弄坏了你的车，他们割破了四个轮胎。你打算怎么做？你不可能步行去需要去的地方，而需要换新轮胎，你总会想办法买到新轮胎的吧。"

最后，我会说："好消息是：你的轮胎并没问题。你能在哪里找到钱买轮胎，你就可以从哪里弄到钱开始做自己的生意。"

我把生意介绍给了很多人，但他们离开了，说："听上去不错，但是我做不来这个。"对这样的人你该怎么说？

差不多正确：由着他们离开。

正确：问问他们："如果你要做这个生意，那你做它的原因是什么呢？"

当有人说："我做不成这生意。"那就质疑他们："让我们坦诚以待吧。每个人都能做这个生意，你也可以。"

在很多情况下，潜在客户并没有强烈的、足够多的"为什么"。

我经常问感兴趣的潜在客户的第一个问题是："如果你要做这个生意，那你做它的原因是什么呢？"如果他们答不上来，你不妨继续下一步。

他们还需要你将具体数字写在纸上。

你的下一个问题便是："如果你赚了这么多钱，你会怎么处理？它会如何改变你的生活？"

他们的回答可能是："我想让妻子能够待在家里。"或者："我想为孩子们建立一个大学基金。"或者："我想建立一个退休基金。"或者："我想帮助教会。"不管答案是什么，都需要他们写在纸上。

我听到的最常见的一个回答是："我来试试这个产品，如果喜欢的话，就做这个生意。"你会怎么回应呢？

差不多正确：说"太好了"，然后给他们产品。

正确：说："听上去不错，但是让我来问问你……"

这可能是私域营销人员听到的最频繁的答复。当然，你希望人们使用产品，但并没有让他们看到产品是否有用。当然，产品是有用的。他们做了自己应该做的事。而使用产品的目的是要找到适合自己的方法，并熟悉其他方法，因为对每个使用产品的人来说，其效果是不一样的。

让我们来看几个例子。人们会说："如果这些产品有效，我就会全力以赴。"

我的回答是："那么，如果它们对你来说无效怎么办？没有对每个人都有效的产品，但不能仅仅因为对你无效而放弃这个机会。"真正的产品是机会。你卖的是希望。你在给人们一个从没有前途的工作中解脱出来的机会。

关键不应该是如果产品有效，你的潜在客户就会做这个生意，而应该是产品是否适合大多数人。这才是真正的问题所在。

我找到了潜在客户不做这一生意的各种原因。

人们会想出最令人惊讶的借口来解释为什么他们不能做生意。在我建立国家安全协会的业务时，每天早上，我会从家乡珀勒姆开一个半小时的车到法戈。我是早上第一个打开办公室的门、晚上最后一个离开的人。我和一个非常热情的年轻人一起工作，他就住在法戈，但在城市的另一端。提到法戈的另一端，它并不同于大城市的另一端。我说的是在糟糕的天气里有10～15分钟的路程。他向我抱怨说必须得开车穿过拥堵的市区。不管天气如何，我每天早上到那儿要开车走112千米，而他却在向我抱怨穿过市区。

一直在说的人总是输家。

当人们想要某样东西但又得不到时就会为其找很多借口，这让我很惊讶。不用心做事时，会有各种借口。就像一个人问他的邻居是否可以借用他的割草机，邻居说："对不起，我不能借你割草机，我妻子正在做酸奶油牛肉。"

那个人问："我借你的割草机，与酸奶油牛肉有关系吗？"

邻居回答说："听着，如果我不想把割草机借给你，得找个借口吧。"

有些人在找借口，而成功者把每一个问题都看作是挑战。他们会找到解决方法，要么攻克它，要么攻克它。比起人生的重大计划来说，看到人们不停抱怨生活中那些无足轻重的小事时，我感到更恼火。

你今天在为谁构建梦想？

第十三章　开始创建你的业务吧

如果愿望足够强烈，你总能找到实现的方法。

一块砖……加一块砖……再加一块砖……

你的DMO（Daily Method of Operation，日常操作方法）

DMO是你每天的工作，它应该像刷牙和梳头发一样自然。这一切开始于每天计划你的目标时。而当你设定目标时，会刺激你自己的情绪。

每日的计划会让你的目标变成激情，而当你拥有激情时，你将势不可挡。正如拿破仑·希尔所说："只要大脑能构想并相信你的目标，就能够实现。"

时间管理

每天早上把你一天的计划写在纸上，这样做会帮助你理解并关注优先事项，使你在一天结束的时候可以回顾并评估自己的成果。

每个人都有日常操作方法。
甚至不需要思考就会去做！

现在你需要运用这个方法，将之作为自己的日常操作方法。

· 使用产品
· 分享产品/机会
· 跟进
· 帮助他人
· 个人发展

时间是我们最有价值的资产，
然而我们却经常浪费它，消磨它，花掉它，
而不去投资它。

——吉姆·罗恩

有个关于伟大的钢铁巨头安德鲁·卡内基的老故事。和我们许多人一样，卡内基感到每天需做的事要把自己压垮了。他感到非常沮丧，于是聘请了一位顾问。

这位顾问坐在卡内基富丽堂皇的办公室里，看着高高的天花板、落地窗、漂亮的樱桃橡木桌子和家具，想知道自己能给这位如此成功的商业领袖什么建议。

想到卡内基应对日常工作遇到的挫折，他说："找一个黄颜色的记事本，写下你今天要做的每件事，并按优先顺序排列。现在先做最重要的事。到这件事做完，或者将其做到了你力所能及的程度，再去做列表上的下一件事。遵循这个做事方法，即使没有完成所有的事，也至少完成了最重要的事情。"

卡内基向顾问道谢，并问应支付他多少钱。顾问说："你何不先把这个想法付诸实施几个星期，看看能值多少钱，然后再给我寄支票呢？"事情就是这样，卡内基最后寄给他一张2.5万美元（相当于今天25万美元）的支票。

这个故事如何应用于每天的私域营销呢？

大多数经销商都是兼职的。他们的生活很忙碌，很多时候他们根本就没有去做业务，或者，即使他们去做了，也只是做了一些轻松容易的事情。

好的时间管理。

√在开始之前把你一天要做的事写在纸上。

√注意付费时间和非付费时间。

√清楚这一天的优先事项。

（每一天）问问自己。

√今天最重要的是什么？

√怎样和更多的人交谈？

2.5万美元的时间管理建议。

如果你在每天8点就把要做的事写在纸上，那就像从你背上卸下了一吨重的砖头一样。它会消除那种被压垮的感觉。

了解付费时间和非付费时间的差异。如果是兼职工作，那么这一点尤其重要。

很多人告诉我，他们花了很多时间来发展业务。当我问他们在做什么时，结果证明他们在做没有报酬的活动。

付费时间。

把时间花在赚钱的活动上。通过与没有使用产品的人交谈而获得报酬。没有什么比每天挤出一两个小时专注于付费时间更重要的了。

优先考虑。

私域营销人员在如何利用时间上犯的最大错误是他们没有分清轻重缓急。

干扰因素。

永远不要让任何事情干扰你为发展业务而留出的时间。这是你的事业，你正在建立的新生活。有什么能比这更重要呢？

私域营销的3个阶段

私域营销要经历3个阶段。

第一阶段

你收入会过低，影响力会很小，会去寻找你领导者的帮助，会开始创建自己的团队。你的大部分收入会来自个人的努力。要度过第一个薪酬过低的阶段是很困难的。你在这个行业里赚的第一个5000美元将是你所能挣到的最艰难的5000美元。但你必须持有长远的眼光，继续前行吧。

第二阶段

你会开始觉得薪水是物有所值的。你的团队将不断壮大，收入将开始发生变化。你的收入将不再完全取决于自己的努力。

第三阶段

你将赚到高得多的薪水。现在你的事业有了自己的生命力，在没有你的情况下会自己成长。你的收入中只有很少一部分来源于自己的直接努力。

渡过第一个薪酬过低的阶段是很困难的，你没有影响力，收入完全来自个人的努力。

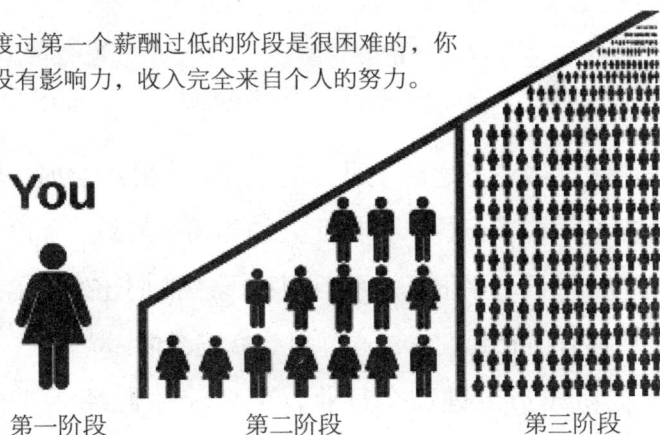

You

第一阶段　　　　第二阶段　　　　第三阶段

随着时间的推移，你促使更多的人做出改变，得到比你的价值更多的报酬！

记住，这是靠人际关系的生意。

时间与金钱。

要真正建立和维持一个组织，最重要的是人际关系。

√关键是你有多在乎。

√它关乎你给他人的感觉。

√它关乎你如何对待别人。

√多一天留住你的员工，你可能就会留住他们一辈子。

√每个人都很重要，不管他们是全职还是兼职。

√人们希望被重视、被认可、被欣赏。

约翰，我刚招了一个新会员。我现在该做什么？

差不多正确：只是让他们参与你的业务。

正确：让他们正确地开始。

人们答应跟你做业务之时便是你的工作真正开始之时。把自己当成他们的生命支持系统。记住，当你让人们开始一项新工作时，他们的兴奋程度很高，但知识水平很低，而且很脆弱。他们还处于信念阶段。你需要让他们从拥有信念到拥有信心，再到充满激情。

一旦你把新成员带进这个行业，便要让他们经历"开始"这一过程。

√把他们的目标写下来。

√他们的疑问是什么？

√了解他们的投入程度，他们想赚多少钱？如果他们一月想赚一万美元，则不能达到投入程度的一级水平。

√他们知道自己领导的电话号码吗？

√你带他们参加电话会议吗？

√帮助他们列出清单。

√教会他们打三方电话。

我总是说有两种开始的方法，一种快和一种慢。当然，越快开始越好。你总想尽快从他们口袋里得到一张大额支票，而一个充满激情的人总能吸引别人。

如果你这样做，其他的事情就会水到渠成。

有人告诉约翰·麦克斯韦尔，

他们想成为像他那样的人。

约翰说："你不会想的，你愿意经历我所经历的一切吗？"

领导就像雄鹰一样，

它们不会聚集在一起，你一次只能找到一个。

如果你按一个脚本做，会更高效。

你的下属们按一个脚本做，也将更高效。

你还有更好的点子吗？

需要接触多少人，我才能找到自己将要跟随并发展业务的关键领导人呢？

差不多正确：把最后一个招聘到的人看作是你要见的人，然后将所有的努力都放在那个人身上。

正确：支持团队中的每一个人，并且每天去招聘新人……一个新领导者很快就会出现。

对此，我不知道答案。私域营销就像一桶牡蛎。你得不停地剥牡蛎，直到找到珍珠。有时你会在桶的顶部找到它们，有时在中间，有时在底部，有时你不得不去另一个桶里找。

不过，我可以向你保证，珍珠就在那里，它们总是在那里。我见过很多放弃的人，但从未遇到过失败的人。如果你坚持下去，如果你继续剥牡蛎，你就会找到珍珠。

问你自己这个问题："如果继续现在正在做的事，我的梦想会变成现实吗？"

在一桶牡蛎中找到珍珠。

> 每天，每天，每天都坚持不懈，
>
> 这是找到自己领导的关键。
>
> ——约翰·哈尔姆萨

你怎么知道什么时候你已经找到了合适的人来投入你的时间和精力呢?

> 差不多正确：你认为就是这个人。
>
> 正确：这个人正在做的事情恰到好处。

你也许认为，具有敏锐的观察力，穿着得体，交际广，而且能说会道的人就是自己的下一个明星。这个人看起来刚好是这样的人。

但如果你需要自问这个人是不是你要找的人，那么应该反省一下。如果得打电话确认他是否会参加电话会议或某个活动，那这个人就不会是你的明星。但不管怎样，你都应该给自己鼓劲儿，虽然这个人可能不是合适的人选。

就像钓鱼，如果你钓到一条鱼，你想知道它是不是一条大鱼，那它就不是。因为如果真是一条大鱼，它就会拉扯着鱼线，鱼竿也会被扯到栏杆边儿。

> 当你和别人一起工作时，他们总是给你打电话，
>
> 总是找人和你谈话，那么你就找到了对的人。

我感觉自己孤身一人。

> 差不多正确：你不想打扰自己的领导。
>
> 正确：你正在寻求领导的帮助。

在私域营销中，你是为自己做业务，而不是自己做业务。如果你不寻求你的领导的帮助，那么你就是在浪费宝贵的免费资源，因为他们对你的成功有既得的兴趣，也有个人的兴趣。

孤独的流浪者会失败。这个行业不像老电影里的独行侠骑着马进城，射杀所有的坏人，整顿小镇，营救遇险的美女，然后骑马消失在日落当中。

在私域营销中，孤独的流浪者会失败。你的领导在等着你的求助。帮助你成功他们也会得到相应的报酬，所以把他们当成获得成功的顾问，他们会随时待命。

你的领导想要听到你的消息，如果他们没有你的消息，就会认为你没有在跑业务。

这是一份需要团队努力的工作。你必须寻求团队的合作，因为如果没有帮助，或者没有领导与你一起工作，你将永远不会建立起一家大公司。

看起来我是在经营生意，并且投入了时间，可什么也没有发生。

> 差不多正确：坚持你正在做的事，就会有结果。
>
> 正确：做一次个人检查。

我经常问自己的一个问题是："我可以做得更好吗？"如果你觉得

自己把每件事都做得恰到好处，但仍然没有得到期望的结果，那么你可能只是做得差不多对，而不是刚刚好。

在这些方面做一次个人评估：

√你的故事。你是否在漫无目的地闲聊，你是否有激情，你是否真正地投入了？

√你是把时间花在了对的人身上，还是在做无用的努力？

√你是在遵循一种方法，还是在用自己的方法？

√你把时间花在了付费活动上还是非付费的活动上？

√你为团队树立正确的榜样了吗？你在做你想让他们做的事吗？

这些都是你需要问自己的问题，然后做出必要的改变。

约翰，我一直在做这个生意，专注于潜在客户并帮助自己的团队，但似乎毫无进展。

> 差不多正确：关注你所看到的结果。
>
> 正确：专注于你播种的种子。

使用90：10法则。在一次飞行中，因为恰好坐在安利皇冠大使的旁边，我便问他："您能给我一个建议吗？"

他说："我们要明白，自己所做的一切，所投资的钱，以及花费的时间，有90%都是浪费。只有那10%才会使我们超乎想象地富有。可问题在于，我们不知道那90%和10%具体是什么，所以我们不得不全都做。"

下次感到沮丧的时候，记住90：10法则。

√你在开会，但没人来。

√你穿过城市去见某人，但对方没有出现。他没有打电话事先告知，甚至之后也没有道歉。

√你的一位关键领导辞职了，你一心想知道他去做什么了。

这些都属于90%的那部分。如果你继续做正确的事，他们将会使你获得超出梦想财富的10%。

利用这条法则，你所做的90%的事情完全是浪费时间，而所做的10%的事会让自己变得超乎想象的富有。要是你知道那10%和90%是什么就好了！

重要的是要明白，对大多数人来说，成功不是立竿见影的，而是需要长期的投入。

我在拉斯维加斯参加第二次会议时，台上有一对夫妇得到了公司总裁的认可，因为他们已经坐到了最高职位上。在他们分享故事时，丈夫解释说，在最初的4年里，他们没有卖出任何东西。妻子打断他说："亲爱的，不是那样的。我们卖掉了自己的房子、车子和船。"但随着时间的推移及自己坚强的毅力，他们到达了顶峰。

　　我真的很忙，忙着发展自己的业务，忙着与人交谈，忙着帮助我的团队。一小时后我还有个会议。我应该中断工作去开会吗？

　　差不多正确：你跟自己开玩笑说，错过一场活动没什么大不了的。

　　正确：让自己所有的团队成员去参加有机会参加的每一次活动。

　　并不是每个参加会议或活动的人每个月都能挣到1万美元，但我可以告诉你，任何一个每月能挣到1万美元的人参加了每一个可能参加的会议和活动。

　　你可能认为自己不必去那里，但是，你的团队成员需要去那里，而你需要去那里做一个榜样。这些活动是这个行业生活的一部分。如果你今天过得不错，那么会议需要你。如果你经历了糟糕的一天，那么你需要会议。作为领导者，你能做的最重要的事情就是树立正确的榜样。

　　有时人们会说："我会去参加下一个活动。"可问题是，如果他们没有参加第一个活动，那可能也就不会参加下一个活动了。

　　我正在组建一个团队，但发现这是一个很令人沮丧的过程。我哪里做错了？

　　差不多正确：试图管理你的员工。

　　正确：注重通过潜在客户来树立榜样。

管理模式。

你去帮助一些人，然后试着管理他们。可问题是，每10个人中，只有一两个会发展自己的业务。也许他们所有的人都没去做事，你只是不知道而已，直到最后发现真相。

记住90∶10法则。继续帮助他们，并走在队伍的最前面。继续保持这种状态，这样，你将树立一个榜样———一个正确的榜样。

如果你进入到管理角色，你的队员们也会这么做。很快，每个人都会试图管理最后一个新来的人，试图让那个人采取行动。

1. ????????
2. ??????????
3. ???????????????????

> "管理队员有3个秘诀。
> 不幸的是，没有人知道是什么。"
>
> ——大·艾尔

没有好的领导，你怎么办？

> 差不多正确：尝试自己做业务。
>
> 正确：继续坚持，直到找到你有信心的人。

我完全了解你的感受。自从我的上一级领导来到这个城市，让我加入并拿到我的5000美元后，我就再也没见过他。他没有时间留给我。

我不知道自己在做什么，但我肯定输不起这笔钱。幸运的是，我去离家大约112千米的法戈参加了一个活动。在那里。我听了麦克·纳尔逊的演讲，我被他的演讲震撼了。正如我之前所说的，在他演讲完后我找到他，告诉他我和弟弟是如何来参加会议并重新获得动力的，并告诉他，自己打算再回去挨家挨户地推销滤水器。

他吃了一惊，说："去年我赚了20多万美元，但从来没有敲过一扇门，待会儿来我房间。"

我们之后去了他的房间，他向我们解释了整个招聘过程。

那天我学到了两件事：

招聘的魔力

……和……

从上一级领导那找到有经验的顾问的不可思议的价值。

你会发现每个失败的经销商的墓碑上都写着："**要是……就好了。**"

某件事之后，一个经销商或领导来找我，告诉我整个事情是多么不公平。我理解也同意他的看法，但它就是发生了，这就是生活。你可以决定沉湎其中，让它毁了自己的生意，或者接受它的发生和不公平，然后继续前进。像这样的事我见过很多次了。

不要成为受害者，也不要觉得自己有特殊权利。

√ 这不公平

√ 它本不应该

√ 不要苛求事事完美

吉姆·罗恩说过："要发生的事，会在我们每个人身上发生。我们对它的态度才是最重要的。"

113

记住这几个字："**我是有责任的。**"

但是！

> 我们中的一些人有许许多多的但是……
>
> "但是"这个词抵消了你之前所说的一切。
>
> 我可以做得更好，"但是"。
>
> 我想去参加那个会议，"但是"。
>
> 我想参加电话会议，"但是"。
>
> 承担责任，就意味着我们摆脱那许许多多的"但是"。

有些事情就是不公平，我很受挫。

坏事总是发生在好人身上，但是不要成为受害者，否则你会毁了自己的事业。如果你对不公平的事耿耿于怀，你一辈子都会生气。如果发生了本不该发生的事，你猜怎么着？它仍然发生了。沉迷其中是不会有所改变的。如果你纠结于一些本不该发生的事，你的一生都会感到沮丧。

> 差不多正确：给自己开个同情派对。
>
> 正确：接受"生活是不公平"的这一事实。

不要苛求事事完美。没有完美的公司、完美的生意、完美的产品和完美的人。如果你期望一切都是完美的，你将永远失望。

每当你面对不公平、不完美或不应该发生的事时，记住这几个字。

> 我是有责任的。

那么，你的问题是什么？

我永远不会忘记那一天，在活动中，我站在台上与公司老总握手并接受他的祝贺。

他说："约翰，请告诉我，我能为你做点什么？"

我说："好吧，如果您能把苍蝇从我的棒糖条中弄出来，那将会对我大有帮助。"

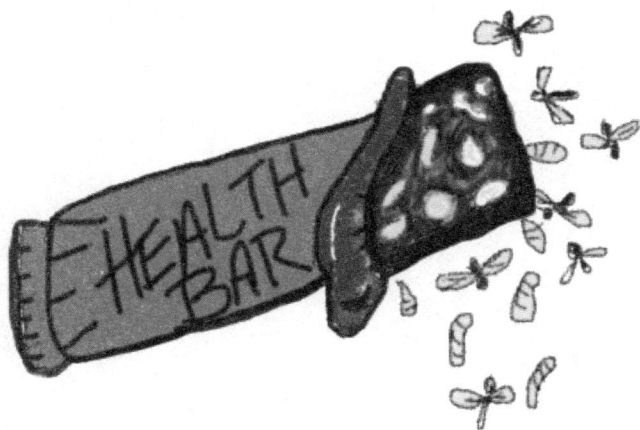

那时候，我们经常吃像硬纸板那样的能量棒糖。但问题是，我们打开它们的时候，经常会遇到果蝇。

试试用这种棒糖作为招聘工具吧！

山顶看上去很远。

当你刚刚起步并抬头看的时候，它是那么遥远。

在刚开始从事私域营销时，我想，"如果一个月能挣3000美元，我都不知道该怎么花这些钱了。"

梦想着自己就在山顶。然后，迈出第一步。无论山有多高，到达那里的唯一方法就是一次迈出一小步。

想想看！

这是通向成功的唯一道路。

第十四章　我也想过放弃

金子在哪里

约翰，我有时对这行感到灰心丧气。你有没有想过放弃，
放弃一切？

每个人都会经历好日子和坏日子。我总是告诉人们："追逐梦想的
糟糕一天胜过无聊工作的美好一天。"

每个人都会感到沮丧，并萌生放弃的念头。在你工作时，你总会有
情绪低落的时候。那些告诉你从未想过要放弃的人都是不诚实的，不管

是对你还是对他们自己。当然，我也有过想放弃的时候，我怀疑自己是否有力量、耐力、信念和耐心继续前行。

当这种情况发生时，我会做几件事。首先，我会看看其他选择：

√在现实世界中，我每小时值10美元。

√每天早上8点我必须开始工作，很多个晚上得一直工作到7点或8点，甚至更晚，保持24小时随叫随到，一周工作7天。

√我很少见到家人。

你的选择是什么？

√你想回到以前的工作吗？

√如果是兼职做生意，你想要完全依赖自己现在的工作度过后半生吗？

√你希望自己的命运掌握在一个动不动就跟你说"再见"的人手里吗？

接下来我要做的就是回去听励志音频，因为治疗"恶性思维"的方法就是给自己输入好的东西。如果一直想着好的事情，你的整个态度就会改变。

追逐梦想的糟糕一天胜过无聊工作的美好一天。

在发展自己业务的过程中，你面临的最大挑战就是你自己。挑战会让自己乐观、专注、积极和自律。最终的成功取决于你自己，所以说成功是一项内在的工作。

你能做的另一件事便是回顾自己的目标，并提醒自己那个"为什么"。这本身就是一个很有激励作用的练习。提醒自己，如果不打算坚持下去，如果放弃，那么你将不得不放弃所有的目标：

√我不打算买新房子了。

√我不打算买自己想要的新车了。

√我不打算建退休基金了。

√孩子们将不能上大学了。

把你的"为什么"放在面前。它会让你保持专注，并继续前行。当你想要放弃的时候，看看自己的其他选择，专注于自己的"为什么"，回顾自己的目标，然后开始行动。

这就是你如何将自己从人群中分离出来，从那些生活在平静的绝望中的人群中脱离出来的方法。

如果你想放弃，那很正常。

只是，不要放弃。

如果没有恐惧，就没有勇气。

没有射击，那你100％不会命中。

——韦恩·哥林斯卡

领导者的速度决定了团队的速度。

第十五章　90天改变你的生活

　　要改变你的生活，第一步是90天的投入，你要在接下来的90天里尽一切努力让自己的事业起步。

　　先从早起一个小时或晚睡一个小时开始。私域营销就像一个大飞轮。你需要不停地转动曲柄让它旋转起来，而一旦它旋转起来，你必须要做的就是不时地敲打敲打它使其保持运转。

　　想象一架飞机正沿着跑道滑行，并将以每小时160千米的速度起飞。如果它的时速只有144千米呢？那什么也不会发生！它并不会飞起来。它可以从这里滑行到法戈，但它不会离开地面。但是，一旦飞起来，保持其在空中飞行所需要的能量，要比它离开地面时所需要的能量少得多。

　　私域营销也是如此。你的跑道是90天，所以要不惜一切代价起飞，离开地面，迎难而上。

在90天的短暂机会中发展你的业务。如果你已经参与了6个月、一年，或更长时间，你可以选择另一种方法做出改变。

告诉你的潜在客户，你做这一行已经很久了，但却不知道自己在做什么，也并没有恰到好处地做事。

然后告诉他们在过去的90天里发生了什么。

一旦起飞成功，你就可以稍稍松松油门，因为有其他人在帮助你，帮你建立他们和你的团队。这样，维持你的业务所需的精力要比开始时少得多。

迅速地开始总是最好的开始。

随着这本书的再版，我已经在这个不可思议的行业里干了近30年，赚了1700万美元。我经常说，我真正赚这1700万美元就在于我工作的头90天。

如果你进行了90天的闪电战让你的企业起步，这就启动了你一生赚钱的车轮。

内在步骤：

无论你脑海中有怎样的步骤，你都在将它引入自己的生活。

你的大脑是一个不可思议的工具。

它比世界上最强大的电脑还强大，它是你的，你可以随心所欲地使用它。

拿破仑·希尔说："无论大脑设想什么，都要相信它能实现。"

√你如何引导自己的思想?

√你大部分时间都在想什么？

人们放弃私域营销并不是因为他们没有赚到足够的钱，

而是因为他们在亏钱。

第十六章　个人发展

成长

约翰，你一直在谈论的一件事就是个人发展。你说过，这个行业里成为什么样的人比赚钱更重要。

差不多正确：知道材料是重要的，会查看一次。

正确：知道材料是重要的，会反复查看。

毫无疑问，个人成长是私域营销成功的关键。正如北美首席商业哲学家吉姆·罗恩所言："致力于个人的成长要比努力工作更值得重视。当你工作时，你是在谋生；当你致力于个人的发展时，你将会创造

财富。"

私域营销非常简单。这个行业的很大一部分是人与人之间的买卖。你需要努力成为有价值的人。我相信，我所享有的80%的成功都归功于我对个人成长的不断投入。

很明显，你必须要有决心和强烈的愿望用行动来促进个人的成长——做正确的事情来发展你的事业。

人们问我："约翰，什么事情最重要？"

我的回答总是"个人成长"，意思是承担义务让自己变得更好，这样你就能做得更多，拥有得更多。

拿破仑·希尔在其著作《思考与致富》中强调，无论从事何种职业，基本原理是不变的。希尔及其他类似的演讲者和作者就相关的基本原理、法则和哲学谈了很多。他们还谈到，通过改变你的处世态度，一步一步重塑你的生活。

> 承担义务让自己变得更好，这样你就能做得更多，拥有得更多。
>
> ——齐格·齐格勒

吉姆·罗恩谈到他25岁时，拖欠房租，推迟还款，不守承诺，最后破产。他的顾问问他："你为什么要继续做那些不好的事情？谁会为你埋单？"我对此感到很惊讶，但这是多么真实！

几年前，我买了一套托尼·罗宾斯的CD。当我开始听第二盘CD时，托尼说："祝贺你，你做了买这套CD的人中97%的人没有做过的事——听第二盘CD。"哇，想象一下花179美元买一盘CD，却不去听。

你能给我们举一个你生活中个人发展的例子吗？

最好的例子就是我从一个极端到另一个极端的经历。

从上学时由于自己诵读困难的挣扎，努力想把自己隐匿起来，甚至害怕自己的影子，到走向工作岗位成为维修经理，再到加入私域营销得到平等对待，最终在奥兰多赢得8000位专业人士的起立鼓掌。有什么比这能更好地说明个人的发展呢？

告诉我个人的发展并不重要！告诉我你在这个不可思议的行业里并没有发展！

在私域营销领域，让我感到震惊的第一件事就是被那些一个月挣的钱比我一年挣的还多的成功人士平等对待。这里的每个人都待我很好，突然之间，这成了自己看待事物的一个全新的方式。

和约翰·麦克斯韦的一天。

我们这个行业的一个好处是，你可以与知名度高、影响力大的人，甚至名人待在一起。我很荣幸被邀请参加一个有40位顶级私域营销者参加的领导能力高级研讨会。

该把约翰·麦克斯韦尔这一部分放进"旅途中的收获"，还是放进"个人发展"这一章，让我费了很大的劲。"旅途中的收获"这一章将介绍约翰·麦克斯韦尔的领导能力研讨会，这于我来说是令人难以置信的荣幸。

约翰·麦克斯韦尔是一位脚踏实地的演说家、作家和顾问，他的书已经卖出了3000多万册。他是世界领导能力方面的领衔专家，其研讨会让我对这一关键任务有了全新的看法。

约翰的15条法则中有一条触动了我的心弦，那便是"痛苦法则"。

当回顾自己的个人历程，特别是在私域营销方面的经验时，我认为他的"痛苦法则"与我们有很大的关系。

无论背景如何，作为私域营销人员参与并发展自己的团队时，我们都要应对"痛苦"。

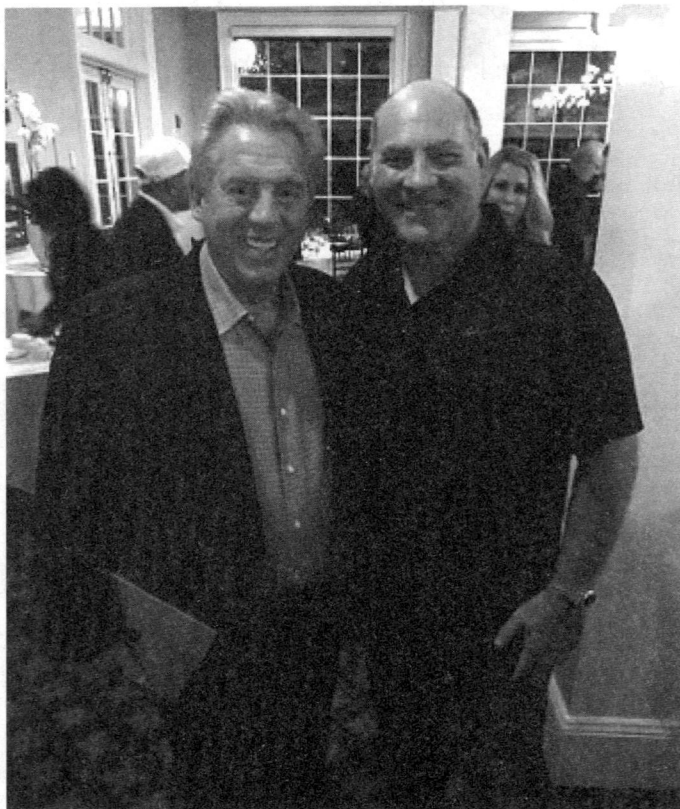

当决定追随自己的梦想而加入一个私域营销团队时，我们将面临的是来自周围每个人的批评和反对。

别人会说：

√私域营销！

√它从来不起作用。

√你将赚不到一分钱还会失去所有的朋友

√这就是所谓的金字塔形的销售吗？

√没人能赚到钱。

√它就是一场骗局。

涉足这一领域，痛苦、失望和失败会伴随你而来。它们会使我们虚弱或催促我们奋进。事实上，痛苦可能是有好处的。正如托尼·罗宾斯所说："极度的痛苦比快乐的欲望更能激发人的动力。"

吉姆·罗恩是位杰出的金融专家，他说："我们必须学会克制自己的失望。"

如果我的业务发展了起来，而我个人没有，怎么办？

如果你的业务发展了，而你个人却没有发展，那你的成功就不会长久。这个行业的所有人都是幸运的。他们在正确的时间选择了正确的公司，招聘了一些优秀的人才，并凭借自己的事业获得了超出自身能力的成功。

然后，他们失去了一切。他们继续从一个公司到另一个公司重复自己以前的经历，但不会再成功，也无法重获昔日的荣耀。

为什么？

这一切的发生是因为他们的业务发展了，而他们个人却没有。他们错误地以为自己无所不知，以为一切尽在自己的掌握之中。他们开始相信自己的新闻。

要想在这个行业获得持续的成功，你必须在个人发展上进行投资。我相信，如果没有我对个人发展的投入，在过去许多年里所享受到的那种成功，那种不可思议的生活方式，以及帮助自己的团队赚到超过2.5亿美元的这一切都是不会发生的。

有很多关于个人发展的书籍、音频和信息，要想穷尽它们可能让人有点难以承受，所以让我来给你开个头。

对我影响最大，让我有了今天成就的人是吉姆·罗恩。他的《挑战成功》绝对是手头必备的。你可以在声音概念中找到这个系列的及其他许多类似的作品。

你可能会认为，如果80%的成功来自对个人发展的投入——听或阅读这些书籍——那是很容易做到的。

但同时也不容易做到。你可以把这看作是我前面提到的一小步。是否做出抉择可能会对你的生活产生巨大影响。

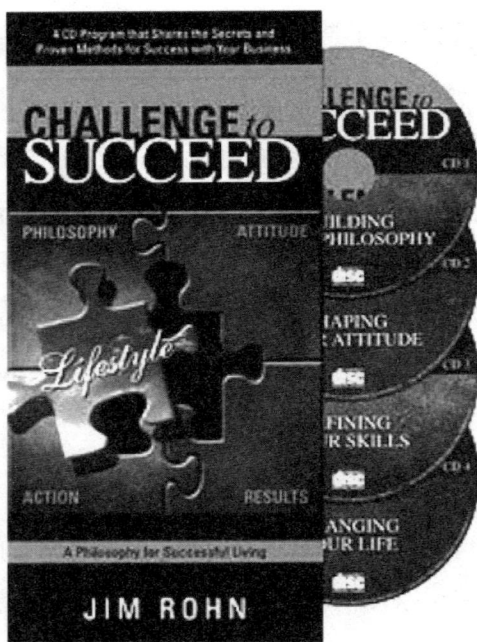

吉姆·罗恩的《挑战成功》

总是要付出代价的。

追求梦想的代价是什么？

追求梦想的代价绝对比让梦想破灭所付出的代价小得多。

忽视它的代价是巨大的，

远远大于墨守成规所付出的代价。

第十七章　旅途中的收获

假期……自由……使命……梦想家园

> "拥有良好的态度很容易，
> 只要看看她的成功就知道了。"
> "也许成功就是因为她的态度。"
>
> ——吉姆·罗恩谈态度

约翰，有时候我只是想找个不错的、稳定的、每周有固定工资的朝九晚五的工作。你再跟我说说，如果我继续干下去会怎样？

√当你专注于自己的梦想时会发生什么？

√当你经历了拒绝、牺牲和最初几年的勉强度日后，会发生什么？

√当你克服了消极的自语，悄悄绕过那些偷梦者而继续前行时，会发生什么？

你过上了自己设想的生活。

但是，私域营销会以超出你设想的方式改变你的生活。

你为自己设想过什么？

所有这些对你来说都是可能的。如果别人已经做了，你为什么不能？如果我也已经做了，那你为什么没做？

旅途中的收获。

私域营销之旅有如此多的回报以至于会影响到你生活的方方面面。

个人自由。

你不用为公司干活，不用为老板负责，不用为顾客服务，不用取悦客户，所以你可以获得个人自由。

世界上还有什么职业能让你把家庭放在首位？

家庭。

你可以把你的家庭放在首位，按照家庭时间表工作，这样你就不会错过每一个家庭活动。当其他父母都加班时，你却在少年棒球联赛上为自己的孩子加油。你觉得孩子会记得这些吗？他们当然会。当家人需要你的时候，你就在他们身边，而不是被困在办公室。当你的儿子或女儿得了流感，你会给他们送去鸡汤。

旅游。

在私域营销中，当世界变成你的度假胜地时，便到了这样一个时刻：你可以在任何时间去任何地方，而不用担心老板对你休假的指责或花费你过多的金钱；在你回到家时，不会有什么紧急的事情需要处理，也不会接到只有你才能解决的紧急电话。更有可能的是，你可能会收到比出发之前的一个月更高的薪水。

认可。

每个人最深切的需求之一便是渴望得到认可，渴望自己的贡献得到认可。

没有什么地方比私域营销更能获得认可的了。当你想到认可时，经常会想象那些庆祝人生重要里程碑的公众活动。而在私域营销中，认可有许多其他来源。最有意义的认可是，看到你的一个经销商用你给他的建议和培训而实现了自己的目标时。当你的一个经销商看到自己的梦想成为现实，那种满足感是任何形式的公众认可无法比拟的。当通过主要的里程碑时，你还会有一种安静的个人满足感。

金融自由。

你可以把钱存在银行里，还清所有的债务。你可以进行投资，买一幢没有抵押贷款的房子，再买一辆100%属于自己的汽车。

按自己的需要安排时间。

还有比这更重要的吗？在我的小女儿4岁时，她的面部、肩部和胸部遭受了二度和三度烧伤。你可以想象，她非常痛苦，我们一天必须给她换好几次绷带。我和她一起躺在床上看了整整一个月的电视节目《邦妮和她的朋友们》。这个节目与我们建立起了一种非常牢固的纽带。我肯定自己能把邦妮之歌都背写下来。我现在想："**我干的这一行是多么不可思议啊。如果我有一份固定的工作，也许能请上一两天假，之后，我的老板可能会心情不好，告诉我该回去工作了。**"

但我当时做的是私域营销，得到了公司及经销商的大力支持。我不需要请假，女儿需要我时，我随时在她身边，同时，我的业务还在发展。

朋友圈。

你愿意拥有一个永远乐观、永远积极、永远专注于成长并帮助他人成长的朋友圈吗？在私域营销公司，你会和这样的人在一起，一起成长。

我自己的例子。

这是我的另一个"做得比这更好"的例子。我喜欢明尼苏达州的湖边小屋，在冬天我总能找到温暖的地方。我有时间和女儿们待在一起，在每个州和许多国家我都有朋友。只需打一个电话，就有人在国内任何一个机场来接机，并把我当作到访的名人来对待。

我的收入位居北美收入最高的1%人群的前1/10。金钱不再是我生活中主要考虑的因素了。听到我的一个同事有资格进入下一个级别，这个消息对我来说比我的下一份薪水更有意义。

对我来说最有意义的莫过于我个人的自由，自己决定和谁一起，什么时候，以及在哪里做自己想做的事，并从商业和社会的视角出发，与我喜欢的人交往。

私域营销最重要的回报之一便是为我带来的生活质量的提高，尤其是与女儿们相处的时间。

有一次，我正要出行，二女儿妮科尔问我："爸爸，你非得去吗？"

大女儿斯蒂芬妮说道："妮科尔，我们见到爸爸的时间比其他人见到爸爸的时间多得多。"

非凡的成功经历。

私域营销非凡的成功经历远远超出了个人自由与财务自由、认可与人际关系。大多数人从未想象或梦想过这些经历。你会看到只有名人才在享受这些经历。

到目前为止，我已经：

√与温斯顿·卡珀斯一起航行过；

√与名人堂成员打过棒球；

√与彼得·方达、彼得·格拉夫斯等名人出席过神秘晚宴；

√与一些最有名的艺术家一起出席过私人音乐会；

√与罗杰·斯陶巴享用过由沃尔夫冈·帕克主办的晚餐；

√在世界上一些最独特的度假胜地享受过不用自己掏腰包的假日。

这些经历是我以前在薯片厂当维修经理时从未想过的。但是通过私域营销，这一切都成了现实。

> 私域营销不是一份工作，而是一种生活方式。
>
> 私域营销只是一种更好的生活方式。

还没有结果吗？

结果会出来的。

关注过程，关注你必须采取的步骤。

每天做正确的事情。

根据自己活动进行评估，而不是对结果进行评估。

问问你自己："今天我做了什么？"

如果你现在没做，那便是正在走向死亡。

生活就是行动，不断地行动。

坚持每次迈出一小步，直到顶峰。

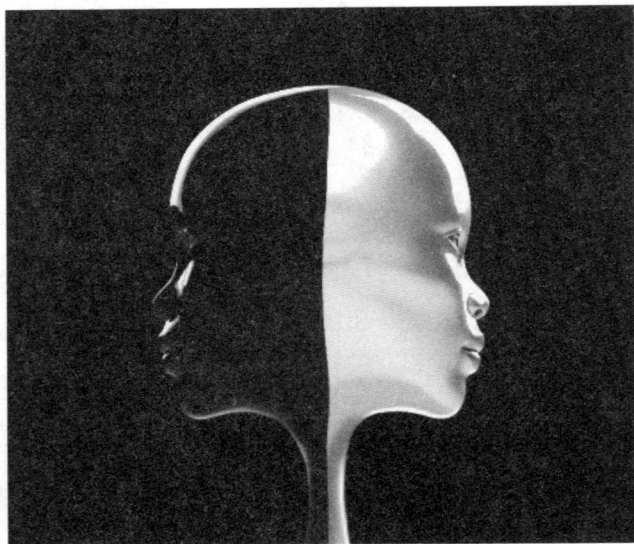

思想的力量

你的思想就像一座花园。

你可以种花。

你也可以种杂草。

第十八章　成为最好的自己

在我读厄尔·奈廷格尔的《最奇怪的秘密》时，才第一次真正理解心灵的力量，以及它是如何与我们所做的一切联系起来的。他说："我们就是自己心里所想的那样的人。"自然，我立即回忆起高中时代，认为自己那时必定是一个女孩子，因为我满脑子都是这样想的。

不是开玩笑，他说的"我们就是自己心里所想的那样的人"绝对是真的。

√那么它是如何运作的呢？

√为什么我们会成为自己心里所想的那样的人呢？

让我引用厄尔的原话，因为尽管已经听过几百遍《最奇怪的秘密》，我相信没有人能比他说得更好。

厄尔·奈廷格尔——最奇怪的秘密

这是怎么回事呢？为什么我们会成为自己心里所想的那样的人？好吧，我来尽自己所能告诉你它是如何运作的。为了达到这个目的，我想先告诉你一个类似人类思维的情况。

假设一个农民有一些土地，这些土地很好，很肥沃。土地给了农民一个选择，他可以在土地上种植自己选择的任何东西。土地不在乎这一切，而由农民来做出决定。

人类的大脑是地球上
最后一块巨大的还未被探索的大陆。

我们把人类的大脑比作土地，是因为大脑就像土地一样，并不在乎你种了什么。

人类的大脑是地球上最后一块巨大的还未被探索的大陆。

现在我们假设农民手里有两粒种子，一粒是玉米种子，另一粒是颠茄种子，后者是一种致命的毒药。他在地上挖了两个小坑，分别种下了这两粒种子，再用土将坑填好，然后浇水并悉心照料这片土地……会发生什么呢？这两种植物会长得很茂盛。正如古书上所写："种瓜得瓜，种豆得豆。"

记住，土地并不在乎你种了什么。它会像回馈极充裕的玉米一样回馈毒药。

这样就有了两种植物，一种玉米，一种毒药。

人类的大脑远比土地肥沃，远比土地不可思议和神秘，但它们的运作方式是一样的。它不在乎我们种了什么：成功还是失败，一个具体的、有价值的目标还是一个抽象的、毫无目的的目标……或是困惑、误解、恐惧和焦虑。但是我们种下的东西，它一定会还给我们。

你知道，人类的大脑是地球上最后一块巨大的还未被探索的大陆。它蕴藏着超乎我们最疯狂梦想的财富，它会回馈我们想要种下的任何东西。

你可能听亨利·福特说过："如果你认为自己行，你就行；如果你认为自己做不到，那就做不到。"再没有比这更真实的话了。

事实上，我们所知道的关于思维能力和个人发展的所有知识都来源于拿破仑·希尔的经典著作《思考与致富》（书名本身就说明了一切——思考与致富）。他说："凡是头脑所能想象和相信的都会实现。如果没有实现的能力，你就不会有那样的想法。"

想一下你真正想要的东西，也许是一辆新车，一套新衣服，或者重新装修自己的家。这充满了你的内心，你一醒来就在想，晚上睡觉的时候还在想，一整天都在梦想着。如果你的生活中曾经有过这样的事，我敢打赌你已经做到了。

这是一个极好的时间来讨论你的意识和潜意识之间的区别。

你可以控制自己的意识。

你无法控制自己的潜意识。

你知道自己的意识在想着什么。它知道好与坏、对与错、积极与消极之间的区别。总之，这就是"有意识的"。

而潜意识只知道你提供给它的是什么。它不知道好与坏、对与错、积极与消极之间的区别，也无法区分真实事件与想象事件之间的差异。

清楚地知道自己意识中的想法是非常重要的，它们会给你的潜意识提供滋养。在潜意识里，你会种颠茄还是玉米？当你进入梦乡的时候，要非常清楚自己在想什么。这将是你的潜意识整夜全力以赴做的事情。

这就是你的所想成为一个自我实现的预言的方式，也是你的梦想变为现实的方式。

如果你晚上睡觉时：

√担心

√紧张

√越来越焦虑

√满脑子都是自我怀疑

√愤怒

√憎恨

√沮丧

这些都将在你生活中显现。

同样，如果你上床睡觉时想着：

√希望

√可能性

√潜力

√成功

√感激

√爱

√成就

这些也会在你的现实生活中显现。

我希望你能明白自己的想法有多强大，你所想的就是一切。

正如约翰·艾迪生所说：

"如果你的思想一团糟，

你的事业就不会有起色。"

态度

我们常听人谈到态度。"态度就是一切，态度决定高度。"这是真的，但事实是"态度"就是"心态"。

就像我一直说的，这个世界上有两种人：一种是在他们进来时会照亮整个房间的人，另一种是在他们离开之后房间才会亮起来的人。

如果你想建立一个积极向上的团队，这一切都得从你的态度开始，也就是你的思维方式。你必须成为那个照亮房间的人，一个积极、乐观、快乐的人。

事情就是这样，这些消极的想法，即厄尔·奈廷格尔所说的颠茄，这种致命毒药，存在于我们每个人身上。关键是要意识到这一点，在它占据你的生活，让你的生活变得黑暗，让你坠入深渊之前抓住它。

这里再次引用吉姆·罗恩的话："要发生的事，会在我们每个人身上发生。我们对它的态度才是最重要的。"自怜、自责、沮丧、愤怒和受害者的思想是致命的颠茄。

这容易吗？

肯定是不容易。颠茄存在于我们每个人的身体里。如果我们对它采取放任的态度，它便会影响我们的思想和生活，但我们没有办法100%消除它。世界上到处都有像颠茄一样的茄属植物、消极因素和反对者。它不断地试图成长、纠缠、占据你的生活，最后把你逼入深渊。

说了这么多，我们该如何预防这种致命的毒药，这种茄属植物呢？用齐格·齐格勒的话来说："继续把好东西放进去。"把读、听、看一些有关个人发展的东西作为自己一天生活的一部分。正如厄尔·奈廷格尔所说："你所浇灌与培育的任何东西都会成长。"

因为这都与你的业务有关：

√与时俱进

√参加电话会议

√参加活动

√与上级保持联系

√与积极向上、志趣相投的人在一起

√远离颠茄般的负能量者

整个心态关乎一切，这本书中的一切，你事业中的一切，你生活中的一切。

颠茄生长得越深，就越难根除。当你情绪低落、沮丧、绝望或愤怒时，颠茄就会疯狂生长。我们都经历过这样的时刻，所以要有计划、有意识地努力强迫自己回到正轨。如果它不被根除，你也只能沉湎于自怜之中。

你的气场会吸引你团队中的每个成员。

积极的想法会比消极的想法让你将一切事情做得更好。

——齐格·齐格勒

如果你不能被周围的人改变，

那就去改变他们。

与梦想家、实干家、信仰者和思想家为伍。

最重要的是，

要与能看到自己身上的不寻常的人在一起，

也许这种不同寻常是你目前还没有看到的。

所以，你必须强迫自己回到自我发展上来，这样才能将颠茄连根除去。

我可以继续不停地讲下去，因为这很重要。我100%地相信心态最终会让你有所作为。

以下是采取行动的几点建议：

1. 要注意到颠茄的存在。当它开始潜入你的生活时，要认清它。如果你足够快地抓住了它，便会很容易地用一个积极的想法，或引用一句积极的话消灭它。

2. 大多数人都不会马上发现这种颠茄，那它便会占据主导地位，让它变成自怜、自我怀疑或绝望的污水坑。这时，即使你不想，也必须马上回到正轨上去。因为，你会沉溺于自怜之中越来越深。这就是最艰难的时候，尽管你内心会抵制，但必须强迫自己做出改变。我向你保证，如果你与它斗争，强迫自己——即使违背了自己的意愿——你将回到正轨，回到世界之巅。

3. 我的第三个观点是永远不要让颠茄占据主导地位，永远不要让它生根。如何做到这一点呢？你要强迫自己每天为自己投资，一定把自我发展作为每天的首要任务。

吉姆·罗恩讲述了这样一个故事，说有人告诉他，自己从来没有消极的想法。吉姆说："那么，我们需要把你放在某个岛上去，因为你肯定是一种怪物。"

第十九章　养成良好的消费习惯

It's not your
salary that
makes you
rich,
it's your
spending habits.
-Charles A Jaffe

使你富有的不是你的薪水，而是你的消费习惯。

——查尔斯·贾菲

这虽是一个小章节，但它涉及一个大问题。

主题、原则、概念，甚至连要求都很简单："先为自己付款。"

> 这不是你挣多少钱的问题！
>
> 这是你留下来什么的问题。

如果你按照我在书中的建议去做，如果你每天坚持，如果你经历了"生命中的沉浮，否定，挫折，跌倒"，当你像我一样取得成功的时候，你会认为这章的内容的确很关键。

　　刚开始从事私域营销时，我的目标是一个月赚3000美元。我还记得自己当时的想法，那就像是昨天的事情一样："哇！如果我一个月能挣3000美元，并能获得事业的成功，我都不知道该拿这些钱干什么了。"

　　接着，一个月3000美元变成了5000美元，然后成了一万美元，然后两万美元，然后 5 万美元，直到一个月赚了14万美元。

　　当你达到了那种成功程度，收入便远远超出了你的想象，然后会想，自己绝对能够买下市场上所有的玩具用品。

　　我曾一度拥有3处住房，两艘游艇，3辆水上摩托艇，一辆摩托雪橇，一辆四轮摩托车，一辆游侠越野车，4辆小轿车，4辆哈雷戴维森摩托车，还有足够的渔具和狩猎用具，足以开一家体育用品店。那就是我。我还有一个家庭，家人们的消费欲望和我一样大。当然，我需要支付所有东西的保险和保养费用。除此之外，我还有一名专管维修的全职雇员，他会在我需要的时候准备好每一样消遣装备。

　　我家什么都不缺。任何能为家人做的事，或为他们买的东西，我都做到了。

除了3套房子外，我没有任何需要支付的其他款项，因为我完全拥有它们。我每月的管理费用是6万美元，这还不包括我的差旅费。除去税金和业务上的开销，每月10万多美元会花得一干二净。

听起来很疯狂吗？

就在我写这本书的时候，这听起来还是很疯狂，但它是我10年来的生活方式。现在，当我回首往事时，一想到自己失去的、贷了款的或投资在"可靠事情"上的那数千万美元，就感到痛心。如果只把收入的10%用于投资，那我的余生就不会再为钱操心。

我痛苦地回忆起了导师托德·史密斯告诉我的话："先为自己付款。"要是我听进去就好了。唯一我做得好的一件事是我总是认真地交税。

为什么这句话很重要？我认识很多私域营销领导，他们像我一样赚了上百万，却把钱全都花光了。

但是……

世事瞬息万变，往往出于我们无法控制的原因，我发现自己爱上了牛排，但却以汉堡包为生。

不久，我发现自己每月固定的开支远远超过了月收入。我开始靠信用卡度日。

我很痛苦地意识到，所有那些昂贵的消遣物和奢侈的生活都是不必要的，那是非常非常昂贵的。

我得到的最大教训就是，"先为自己付款"。现在我已经让会计师事务所从每笔薪水中扣除10%用于投资，这样，就不会错过我没有看到的东西了。

请注意，这绝不是自私，不是阻止回馈，不是阻止你投身于自己的事业，不是阻止捐献或交税，也不是剥夺你的家庭权力。因为从长远来看，这个概念让每一个问题都变得更为突出。

警告

不要借钱给家人和朋友。

不要投资于像"沃尔玛、苹果或微软"这样确定的项目。

收入的10%用于投资，剩下的存起来。

一定要交税。

第二十章　从这里出发，你要走向哪里？

这些都不重要……

√你从哪里来

√你经历了什么

√你的年龄

√你的种族

√你的肤色

√你的教育

那么，重要的是什么？

你打算走向哪里！

既然我们已经谈论过了我的旅程，我相信你也愿意谈谈你自己的——关于你如何从私域营销中获益的问题。也就是，从这里出发，你要走向哪里？

这些步骤能带你走向成功的巅峰：

√记住"小步哲学"："你做的每一个决定都很重要。"

√记住人与人之间的销售。是你的激情、姿态、信念和热情影响着别人追随你。

√记住你的思维模式。如果你的想法很糟糕，那么你的生意就会一蹶不振。

√持之以恒。这是每天都要做的事，不管是每天一个小时还是10个小时，每天坚持。如果你不坚持自己的努力，就会不断地重新开始。

√全身心投入。如果你没有证明并表现出自己全身心的投入，没有人会跟随你。例如，你做的每一件事都是别人认为他们必须学习的榜样，他们会模仿你的好习惯，当然也包括坏习惯。

√清楚自己的目标和自己的"为什么"，把目标和"为什么"写下来，每天回顾两次。

√投资自己的个人发展。这是简单的一步，很容易去做，但也很容易不去做。

√实施你的DMO。开始工作之前，把一天的计划写在纸上。优先考虑必须要做的事，记住，与没有从事你的业务或没有使用你产品的人交谈，你会得到报酬。

个人检查

只有你能反观自己，做这件事。

进行个人检查，"从头到尾"。问自己这些问题，特别是让你挣扎的问题。

√我现在做得如何？

√我怎样才能做得更好？

√承担责任。当不公平、不完全正确或无缘无故的事情发生时，相信我，请记住这几个字：我有责任。

你的气场吸引自己的团队成员。

积极的想法会比消极的想法让自己将一切事情做得更好。

——齐格·齐格勒

个人发展至关重要

当我想到个人发展时，便想起了一个关于奥林匹斯山的古老寓言。

很多年以前，在古希腊，一个旅行者在路上遇到一位老人，便问他怎么去奥林匹斯山。这位老人恰巧是苏格拉底，他回答说："如果你真的想去奥林匹斯山，只需确保你跨出的每一步都朝向那个方向就行了。"

"拥有良好的态度很容易，

只要看看她的成功就知道了。"

"也许成功就是因为她的态度。"

——吉姆·罗恩谈态度

这个寓言的寓意很简单，如果你想成功，如果你想看到自己的梦想成为现实，那么确保你走的每一步都朝着那个方向。

这些个人发展工具书对我来说是最好的：

齐格·齐格勒

《目标设定计划》（*Goal Setting Program*）

《培养成功的品质》（*Developing the Qualities of Success*）

吉姆·罗恩

《建立起自己的私域营销业务》（*Building Your Network Marketing Business*）（这个音频是绝对必须要听的。）

《非凡生活的艺术》（*The Art of Exceptional Living*）

《90年代成功的挑战》（*Challenge to Succeed in the 90's*）

《造就90年代的领袖》（*Making of a Leader for the 90's*）

《掌控你的生活》（*Take Charge of Your Life*）

厄尔·奈廷格尔

《领跑》（*Lead the Field*）

《最奇妙的秘密》（*The Strangest Secret*）

《与自己的思想交流》（*Communicating What You Think*）

戴尔·卡内基

《如何赢得朋友并影响他人》（*How to Win Friends and Influence People*）

约翰·麦克斯韦尔

《成长的十五条法则》（*The 15 Laws of Growth*）

《培养你内心的领导》（*Developing the Leader Within You*）

写在最后的话

感谢你购买并阅读了这本书，祝愿你在这个惊人的行业中一帆风顺。

我骑着摩托，花了6天时间，竟然走了3680千米，经过了美国一些最美丽的乡村，穿越了南达科他州的布莱克山、怀俄明州和蒙大拿州的大角山和熊齿山，然后到了黄石公园。

一路上，骑着摩托，我有大量的时间思考和反思自己的生活，我是如何走到今天这一步的，我问自己："这一切是怎么发生的？"

我脑海里出现了3个词：坚持、信念和专注。

坚持：我每天都在做这份工作，即使不想做，也必须坚持。我不断地给愿意倾听的所有的人重复着自己的故事。

信念：尽管充满挑战、挫折、障碍和反对者，我仍抱着自己的事业总会成功的信念。在成功似乎无法达到的艰难日子里，我仍然坚定着自己的信念，继续前行。

专注：我拒绝被生活、他人或下一个"肯定会发生"的热门交易分心，而专注于自己正在做的事情。

这3个词——坚持、信念和专注——让我找到了财富，它们也可以让你通过私域营销进入自己梦想的生活。

你可以说这靠的是智慧，或者只是好运气。我所知道的是，我在适当的时间进入了适当的行业，我相信私域营销也可以为你服务。

我们山顶见！

关于作者

　　约翰·哈尔姆萨是一位私域营销高手，本书交付印刷之时，约翰从事这一行业已近30年，赚了1700万美元。在过去的10年，其平均年收入超过100万美元。

　　一直以来，让他最骄傲的成就是带领其员工获得了超过2.5亿美元的收入，并改变了无数人的生活。

　　约翰的故事是一个真正白手起家的故事，他从明尼苏达州珀勒姆的最卑微者，发展到世界级的私域营销领导。他所传递的信息很简单："以我的背景和所遭遇的挑战来说，如果我能做到，那么你也可以做到。"不管你的教育、背景或经济状况如何，你都可以在这个行业获得成功，他便是活生生的证据。

　　约翰有一种非凡的能力，他能把成功的基本原理、哲学思想和原则传达给别人，使别人很容易理解并实施。许多同行都称他为"私域营销上的吉姆·罗恩"。

　　在被介绍加入私域营销这个行业之前，约翰在一个小薯片厂担任维修经理。那时，他从来没有销售过任何东西，也没有一点商业经验，他有阅读障碍和严重的学习障碍，那个时候，他只有一个目标，那就是让自己隐形起来。不过让他感到非常幸运的是拿到了高中文凭。

"你会在山顶看到我，或在山腰看到已经死去的我，

但绝不会在山底看到我。"

——约翰·哈尔姆萨

现在，多个出版物中都有约翰的身影，如史蒂芬·柯维的《高效人士的7个习惯》，《私域营销时报》（*Network Marketing Times*），以及《在家做生意杂志》的封面上。约翰·弥尔顿·福克在其新书《世界最伟大的网络营销人士》中也将他评为世界前21位营销高层领导人之一。

约翰的领导才能改变了无数人的生活，世界各地都有他的朋友和商业伙伴。他的智慧将帮助你实现梦想。私域营销是一个神奇的行业，拥有美妙的产品和不可思议的机会。

正如约翰经常所说："私域营销以远远超出我想象的方式改变了我的生活。"

我相信任何一个下定决心做这件事的人都能做到，原因之一便是，如果我能以我的背景做这件事，那么你也能以你的背景做这件事。

私域营销不在乎你来自哪里，而在乎你要去哪里。

它与你的肤色，你的出身，你所受的教育，你的年龄，你的头衔，以及你的性别无关。

它与你的决心有关，它能让你成为你所期望的人，一小步一小步地登上能带你找到自己的"为什么"的顶峰。